SUPPLIER MANAGEMENT

供应商管理

开发、评估、选择与绩效改进

姜宏锋　陈玉高　———　著

机械工业出版社
CHINA MACHINE PRESS

VUCA 时代，供应商管理已成为供应链管理中最主要的风险点、价值点和瓶颈点。本书系两位供应链业界知名实战顾问对近百家企业咨询案例的心得总结，作者站在决胜供应链的高度，于业界首创"供应商管理之屋"，用 20 多个案例、40 多个精选工具表单帮助企业跨部门解决供应商管理的多年难题。本书适合企业高层管理者以及供应链管理相关从业人员阅读。

图书在版编目（CIP）数据

供应商管理：开发、评估、选择与绩效改进 / 姜宏锋，陈玉高著 . -- 北京：机械工业出版社，2024. 12.
ISBN 978-7-111-77000-8
I. F274
中国国家版本馆 CIP 数据核字第 2024KK3058 号

机械工业出版社（北京市百万庄大街 22 号　邮政编码 100037）
策划编辑：张竞余　　　　　　　　　责任编辑：张竞余　刘新艳
责任校对：张慧敏　李可意　景　飞　责任印制：邸　敏
三河市宏达印刷有限公司印刷
2025 年 1 月第 1 版第 1 次印刷
147mm×210mm · 9.75 印张 · 3 插页 · 168 千字
标准书号：ISBN 978-7-111-77000-8
定价：89.00 元

电话服务　　　　　　　　　　　网络服务
客服电话：010-88361066　　　机　工　官　网：www.cmpbook.com
　　　　　010-88379833　　　机　工　官　博：weibo.com/cmp1952
　　　　　010-68326294　　　金　书　网：www.golden-book.com
封底无防伪标均为盗版　　　　　机工教育服务网：www.cmpedu.com

思维导图

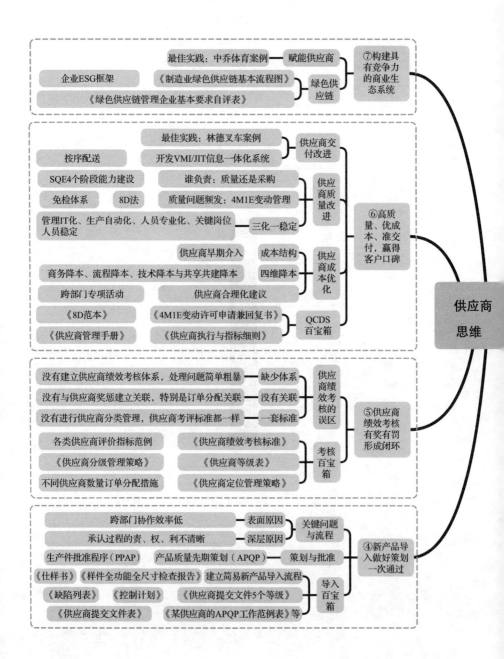

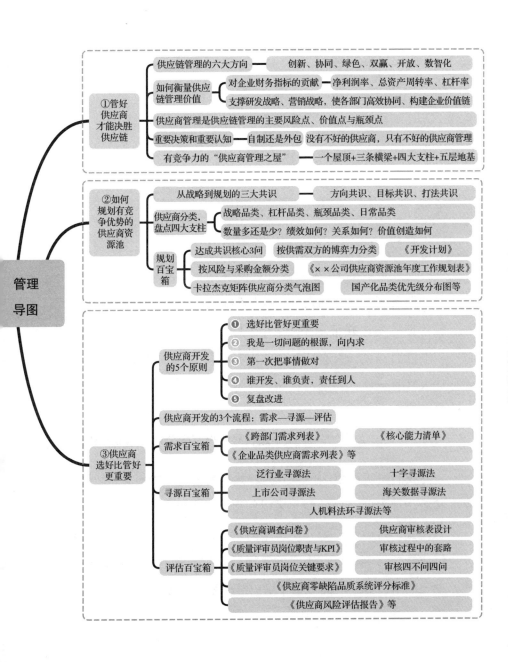

赞誉

与姜老师合作供应链项目已连续 5 年,我们已经是很好的朋友了。在合作期间,我们建立起一套比较完整的供应链管理体系,并带来 10 亿元以上的直接降本。姜老师的这本书既有高度,又有实操性,尤其在数智化管理方面的论述让人耳目一新,特别适合从事供应链管理的人员和企业高管学习。

——广东中迅农科股份有限公司董事长李志超

我们团队从 2022 年 10 月开始接受姜老师的辅导和培训,其后与姜老师合作的两年多时间里,姜老师帮助我们改变思维模式,打破部门墙,让整个团队更加开放协同。姜老师对供应链的深刻理解、丰富的实操经验和务实的教学风格,帮助我们用较短的时间重塑了供应链体系,建设了供应链生态,不仅完成了十倍增长速度下的供应，也在保证质量的前提下实现了全价值链降本20%以上。姜老师的这本书既有高度，又有实操性，对于不同业务模式下的供应链管理、数智化管理及供应商的全流程管理都有极大启发，无论是供应链从业人员还是企业高层管理者都可以反复精读，获得领悟。

——拉普拉斯新能源科技股份有限公司创始人林佳继、刘群

沪上阿姨与姜宏锋老师从2021年开始合作，在这个过程中建立起了亦师亦友的良好关系。姜老师陪伴我们逐步搭建起供应链管理架构，为我们的核心团队打开供应链建设思路，并通过切实可行的方法论指导沪上阿姨实现了连续两年原物料降本1亿元以上。这本书从供应商端到端管理出发，指导企业如何在乌卡（VUCA）环境下，协同供应商伙伴携手共进，十分适合企业高管与供应链相关从业人员仔细研读。

——沪上阿姨创始人单卫钧

未来企业的竞争力源自链接和整合优秀生态资源的能力。企业的高质量发展要充分依靠供应链生态的建设，关于如何做好供应商管理的顶层设计，如何搭建有竞争力的供应商资源池，如何在开发、评估、选择、绩效与发展全流程中持续改进等问题，都可以在姜老师的《供应商管理：开发、评估、选择与绩效改进》中找到答案。我将此书推荐给追求卓越的企业管理层、产品研发和供应链团队。

——华住集团首席执行官金辉

在当前复杂多变的商业环境中,企业面临着越来越多的内外部挑战和困难,其中最大的挑战就来自供应链管理领域。盼盼食品集团作为中国首家赞助冬奥会的国货民族企业,以其健康、高品质的食品饮料产品获得了全国人民的广泛认可。盼盼食品集团深知供应链管理的重要性,多年前就聘请姜宏锋老师和陈玉高老师作为陪跑顾问,帮助企业持续提升供应链管理水平。

本书的两位作者均为实战专家,以其深厚的理论基础和丰富的实践经验,对复杂的供应商管理系统进行了深入剖析,并创新地设计了"供应商管理之屋"的系统架构,这个架构无论在理论上还是实践中,都展示了极高的适用性和实操性。诚挚推荐这本书给所有希望在供应链管理上有所突破的朋友,相信它一定会成为大家的得力助手。

——盼盼食品集团总经理蔡鹏

作为大董餐饮新零售业务板块,董到家既要满足大董内部的B端需求,又要满足零售场景下的C端顾客需求,一度造成了公司在货盘、品质、成本诸多方面的混乱,库存积压严重。2024年,特别幸运的是,能够邀请到姜宏锋和陈玉高两位老师成为董到家供应链顾问，他们对董到家进行了深入的调研和诊断，并提出了符合我们现阶段发展的重大策略调整，指明了董到家的供应链顶层架构和经营方向，并在团队内达成了高度共识，形成了聚焦合力。

两位老师合作的新书，为我们带来了全新的思维和实践框架，无论是供应链从业人员还是企业高层管理者，都能从中获得宝贵的知识和指导。我诚挚推荐这本书，希望它能为更多的企业在供应链管理上带来提升和赋能。

——**董到家总经理三川**

作为一名在外企从事供应链管理二十多年的职业经理人，我由衷感谢姜老师的呕心沥血之作，读后有一种醍醐灌顶的感动。多年前，我一直想写下来的心得和感悟，竟然都在里面，而且更为全面和系统。真心希望供应链管理领域的同仁们，仔细研读，你们也一定会茅塞顿开、受益匪浅。

——**林德叉车亚太区采购高级总监曾剑锋**

多年来，鄂尔多斯电治集团采购团队集体学习了姜老师的《采购4.0：采购系统升级、降本、增效实用指南》，并请姜老师到集团做内训，采购骨干也分批参加了姜老师的"灯塔计划"，可以说，鄂尔多斯电治集团的阳光采购、战略采购体系，是在姜老师的指导下奠定基础的，他也帮助集团培养出了一批专业的采购队伍。姜老师的新书《供应商管理：开发、评估、选择与绩效改进》，直指企业跨部门合作的痛点、难点、关键点，既有战略高度，又极有落地性，其实用价值相当于为企业提供了一次微咨询。而姜老师推动中国企业供应链升级的奋斗者精神，以及坚持将稿酬捐给儿童福利机构的公益行为，也同样值得我们供应链从业者学习、传承。

——鄂尔多斯电治集团采购中心负责人倪智峰

这是姜宏锋老师所著的第六本书，他笔耕不辍，在繁忙的培训、咨询事务中还能保持一年出版一本畅销书的速度，实属不易。

非常认可本书提出的供应商管理已成为当前及未来"供应链管理最主要的风险点、价值点与瓶颈点"，那么如何进行有效管理？本书延续作者一贯的务实风格，将经典的供应商管理理论融入丰富的案例应用场景中，涵盖供应商管理的全生命周期，包括战略规划、供应商分类、供应商评估与选择、供应商绩效评价与改进、供应商质量控制及供应商发展等。书中提供的图、表等实用的工具和方法，对于相关工作的从业者而言，可以直接采用"拿来主义"，尽快实现供应商的有效管理。

——厦门大学管理学院博士生导师许志端

序言

VUCA 时代,需求下降、行业内卷,单打独斗的年代已过去,供应链上下游协同作战的年代正在到来。而供应商管理已成为供应链管理最主要的风险点、价值点与瓶颈点,当然,管好供应商也是供应链管理最好的价值挖潜点。

中国的供应商,是世界上供应商中的佼佼者。

中国的供应商,世界的供应链。

得供应商者得天下。

但我们也看到,很多企业的供应商管理并不尽如人意:在供应商管理上,缺乏长期合作与共赢的理念,缺乏跨部门的共识与规则,既未建立先进的供应商管理架构体系,也未与供应商建立协同、价值创造的双赢关系,更没有对全流程进行优化与梳理。这造成了供应商诸多绩效问题:交付不准时、质量投诉频发、成本无优势、协作力差。

很多企业将问题推给供应商,对供应商进行处罚,殊不知,"行有不得,反求诸己"。供应商管理应向内求,反思并改进企业自身的理念、认知与策略,而非一味抱怨供应商,因为供应商的选择也是企业自身决策的结果。企业需要改变自己的管理,而非抱怨合作伙伴。

如何打造让客户满意、让供应商盈利、让参与者受益、让世界丰盛富足的供应商管理架构体系?这是撰写本书的初心。

这本书写给谁

(1)企业创始人、高管团队:供应商管理认知升级,推动顶层架构设计。

(2)供应链各职能人员,包括采购、质量、物流、计划等:提升专业度与跨部门沟通能力,拿到绩效与成果。

(3)研发技术人员:发挥供应商的专业能力,协同产品创新与技术创新。

(4)其他人员如财务、审计等:在流程上如何抓关键点,既高效又合规。

(5)供应链培训师、顾问、供应链或物流专业的学生等:系统掌握供应商管理的框架与前沿实践。

本书帮你解决哪些问题

本书可助你达成跨部门的共识,搭建供应商管理的顶层架构,解决企业在供应商管理上的实际难题,建立可落地的流程与指标体系,提供工具与标杆案例。具体而言,要解决以下困扰企业的12个问题。

(1)如何理解供应商管理在供应链管理中的价值与作用?

(2)如何为供应商管理搭建顶层架构?

(3)如何达成跨部门的共识,从而上接战略、下接绩效?

(4)如何规划供应商资源池,从而产生竞争优势?

(5)如何给供应商科学分类并对供应商资源池进行有效盘点,产出供应商开发计划?

(6)选好比管好更重要,如何有效进行供应商开发?

(7)有哪些更优秀的寻源方法?

(8)如何对供应商进行风险评估?

(9)国产化很重要,如何提升产品承认的成功率?

(10)如何对供应商进行绩效评价与改进?

(11)如何对供应商的交付、质量与成本进行绩效改进?

(12)如何为供应商赋能,推动绿色供应链管理,履行社会责任,发展供应链生态系统?

本书有什么特色

创新性:本书开创了"供应商管理之屋"的系统架构,

站在决胜供应链的高度,建立供应商管理的跨部门协作的全流程。

体系性:本书以"一个屋顶+三条横梁+四大支柱+五层地基"构成了供应商管理整体架构体系。通过全书开头的思维导图,读者可以看清全貌,建立系统思维。每章结尾还为读者设计了"学以致用"专栏,通过学、思、用三个环节引导读者做企业反思与行动计划。

实战性:本书是为企业做供应链咨询的最新心得总结,在内容上偏重实用性,团队阅读本书相当于进行了一次微咨询。为方便落地,书中提供了精选的工具、表单。

极简性:想清楚,说明白,易落地。写本书最痛苦的是"删除",第一稿准备了大量的案例,经过反复修改打磨,最后删除了约2/3的内容,保持了极简的风格。

真诚的感谢

本书的心得总结,来自以下顾问企业的实践。

国家电网、南孚电池、五菱新能源汽车、五菱汽车工业、拉普拉斯新能源科技、浙江伟星股份、拉普拉斯(无锡)自动化设备、嘉庚(江苏)特材、桂林市啄木鸟医疗、上海凯众股份、瓦里安医疗、世林冶金设备、沪上阿姨、武汉自然萃、米马生活、鲸孚科技、麻爪爪、宝宝馋了、盼盼食品集团、西安火炉旁、北京大董董到家、方太集团、希望树（上海时宜）、广东福临门世家智能家居、河南心连心化工集团、新疆蓝山屯河、广东中迅农科股份、晟通科技、连云港睿晶石英材料、重庆百亚、四川航空、厦门航空、珠海大拇指、福建东西乐活、义乌亚杰网络、赛一集团、震坤行工业品超市、中外运长江海外业务事业部、海亮集团、深圳市同益股份、深圳瑞捷股份、华住集团、林德叉车、中乔体育等。

本书的案例，来自以下企业的实践。

（1）拉普拉斯新能源科技。

该公司的创始人林佳继博士、刘群博士非常重视供应链建设，重视供应商生态系统建设，林佳继博士提出了"小鸟天堂"的共生生态系统理念。

拉普拉斯新能源科技先后选派了 25 位研发、销售、供应链的骨干参与"灯塔计划"，他们进行了系统学习，形成共同的认知与语言体系。陈艺荣、王沛、林依婷、张武等供应链、研发、财务负责人联动，一年内协同降本 5 亿多元，有力地提升了战略采购与供应链组织能力。

（2）广东中迅农科股份。

在农药行业内卷的情况下，广东中迅农科股份坚持长期主义，勇于批评与自我批评。姜老师与董事长李志超、供应链负责人董建志、销售负责人邹勇、王贵新、涂家国等超越了客户关系,结成了兄弟般的友谊。通过内部研发运用IPD(集成产品开发)流程,外部与上游供应商建立战略合作关系,营销端进行新媒体创新,广东中迅农科股份现已成为行业领军者。

(3)武汉自然萃。

武汉自然萃是德鲁克管理思想的坚定实践者,以共同的事业引领供应商的发展,跨部门团队深入供应链上下游进行实地考察,与供应商群策群力,实现了流程的大幅度降本增效,某些产品已成为行业的风向标。

(4)林德叉车。

感谢林德叉车亚太区采购高级总监曾剑锋先生,林德叉车将数智化应用于供应链,提升交付绩效与供应商参与的实践。与曾剑锋先生结缘于厦门大学,我为厦门大学MBA学员讲授"战略采购与供应商管理",其间有幸受邀与导师许志端教授参加曾剑锋先生的实践分享。曾剑锋先生的分享给我留下了极深刻的印象,让我产生了同频共振之感:他的感恩、极致与完美、勇于担当与自我否定、创新;凡事提前10年想,提早5年做。他将这些理念应用于企业供应商管理并取得了卓越成果。

(5)中乔体育。

感谢阳红波老师,他是"灯塔计划"(4期)的优秀灯塔老师。

一花独放不是春，百花齐放春满园。如何带着供应商一起发展，让供应商跟上企业的发展步伐就成了供应链管理者的一个重要课题。中乔鞋供应链的供应商管理部高级经理带领团队与供应商共舞，制定了具体可行的供应商赋能专项措施，通过有序实施和不断实践，提升了上下游供应商的协同作战能力和供应商管理水平，增强了供应商的合作信心。

本书的另一位作者陈玉高老师，是"灯塔计划"（5期）的优秀灯塔老师，现为优链学堂金牌讲师顾问。陈玉高老师拥有15年供应链数字化创业经验，是供应链管理领域首款AI——链如意的主理人，同时他还担任福建盼盼食品、义乌亚杰网络、北京大董董到家等多家企业的供应链金牌顾问。本书文字内容由优链学堂产品总监段雅娟老师汇总整合。机械工业出版社的编辑老师对本书提出了大量宝贵的建议，对本书的出版贡献良多。

我是一个极其幸运的人，农家子弟，儿时放牛，入职场后，日企学习成长，美企实践创新，民企磨炼心性，后来投身于供应链培训与咨询事业，与中国优秀的客户一同精进，创新价值，一路走来，心存感激。感谢他们的信任与认可，他们的成长与业绩、他们的反馈与激励，都是给我最好的礼物。

还有太多我生命中的人需要感谢，却难以全部列出。经陈玉高老师同意，我们做出公益决定：本书（包括再版）的版权收入将和《决胜价值链》《决胜供应链》《供应链质量防线》《采购4.0》《数智化采购》一样，全部定向捐献给残障儿童福利院，以此回馈我生命中的贵人、我的客户、我的学员、亲友、伙伴，以及正在阅读本书的读者您。

让人间多一点儿温暖，让世界更加美好！

您的朋友　姜宏锋
2024年9月

| 目录 |

思维导图
赞誉
序言

第 1 章　**管好供应商 决胜供应链**　1

1.1　VUCA 时代，决胜供应链　1

　　1.1.1　供应链管理的六大方向　3

　　1.1.2　如何衡量供应链管理的价值　4

　　1.1.3　供应商管理是供应链管理的主要风险点、
　　　　　价值点与瓶颈点　10

1.2　供应商管理之道　13

　　1.2.1　重要决策：自制还是外包　13

　　1.2.2　重要认知：没有不好的供应商，只有不好的
　　　　　供应商管理　17

1.3 有竞争力的供应商管理之屋 22
    1.3.1 如何搭建有竞争力的供应商管理系统的顶层架构 22
    1.3.2 三条横梁、四大支柱,建设供应商资源池 31
    1.3.3 五层地基 33

第 2 章 如何规划有竞争优势的供应商资源池 41

2.1 从战略到规划的三大共识 41
2.2 如何对供应商进行分类 46
2.3 供应商盘点:四大支柱 55
    2.3.1 战略类供应商盘点 58
    2.3.2 瓶颈类供应商盘点 61
    2.3.3 杠杆类供应商盘点 65
    2.3.4 日常类供应商盘点 66
    2.3.5 供应商资源池优化与开发计划 68

第 3 章 供应商开发:评估与选择 74

3.1 供应商开发的 5 个原则与 3 个流程 74
    3.1.1 供应商开发的 5 个原则 76
    3.1.2 供应商开发的 3 个流程 79
3.2 需求管理 80
3.3 有效寻源的五大方法 84

3.4	供应商调查	87
3.5	供应商现场审核	93
	3.5.1 供应商现场审核的五大目标	94
	3.5.2 评审人员管理	97
3.6	审核标准设计	100
	3.6.1 如何设计供应商审核表	100
	3.6.2 体系审核、过程审核与产品审核的区别与联系	138
3.7	现场审核与评估	141
	3.7.1 审核过程中的套路	141
	3.7.2 审核技巧：四不问四问	146
	3.7.3 供应商风险评估报告如何撰写	155

第 4 章　新产品导入：成功率与效率　　161

4.1	新产品导入关键问题与流程	161
	4.1.1 新产品导入太慢	161
	4.1.2 实践：建立简易新产品导入流程	166
	4.1.3 采购方要提供给供应方的关键信息	168
4.2	供应商策划与产品批准	172
	4.2.1 供应商的产品质量先期策划	173
	4.2.2 供应商的生产件批准程序	179
	4.2.3 产品导入	186

第 5 章　供应商绩效评价与改进　190
5.1　供应商绩效考核的误区　190
5.2　供应商绩效考核的设计与实践　197
5.3　供应商激励与绩效改进　205

第 6 章　供应商交付、质量与成本改进　214
6.1　供应商交付改进　214
 6.1.1　林德叉车的交付挑战　216
 6.1.2　开发 VMI/JIT 信息一体化系统　219
 6.1.3　按序配送　222
6.2　供应商质量改进　227
 6.2.1　供应商的质量问题应由哪个部门负责　227
 6.2.2　SQE 的 4 个发展阶段　228
 6.2.3　供应商质量问题频发：4M1E 变动管理　229
 6.2.4　华为公司三化一稳定、严进严出的供应商管理　231
 6.2.5　供应商质量问题去根：8D　235
 6.2.6　供应商自主品质管理-免检体系　239
6.3　供应商的成本优化与早期介入　240
 6.3.1　采购成本构成　240
 6.3.2　四维降本　241
 6.3.3　供应商早期介入　244
 6.3.4　供应商合理化建议　247

	6.3.5　跨部门专项活动	249
6.4	供应商管理手册	252

第 7 章　供应商发展　　256

7.1	赋能供应商，以中乔体育为案例	256
	7.1.1　为什么发起赋能供应商活动	258
	7.1.2　供应商赋能活动是如何有效开展的	259
	7.1.3　向供应商赋能成功的关键是什么	268
7.2	绿色供应链	271
	7.2.1　为什么要推动绿色供应链管理	271
	7.2.2　什么是绿色供应链管理	273
	7.2.3　搭建绿色供应链的七大关键环节	275
	7.2.4　绿色供应链管理企业基本要求自评表	280
	7.2.5　展望：供应链生态——小鸟天堂，互助共生	282

中国供应链奋斗者宣言　　285

01
第 1 章

管好供应商 决胜供应链

1.1 VUCA 时代，决胜供应链

为什么供应链管理对企业来说越来越重要？是因为企业正处在外部环境的 VUCA（乌卡）时代。

VUCA（乌卡）是 Volatility（易变性）、Uncertainty（不确定性）、Complexity（复杂性）和 Ambiguity（模糊性）的简写，是对当前全球政治、经济、技术和环境变化的概括。在政治上，地缘冲突、大国博弈，使原来的全球化专业分工合作，开始向相互竞争合作转变，供应链的安全与韧性变得更加重要。在经济上，我国的出口、消费与投资三驾马车出现阶段性调整，使得众多行业从过往高速增长的增量市场向退潮分化的存量市场、减量市场转变。消费降级、竞争加

剧,内卷成为行业主题词。在技术上,人工智能(AI)、数字化等技术创新,加速了新经济、新商业的出现,推动了企业的经营管理转型。在环境上,气候与环境的不稳定性,使得企业短期要有应对预案,长期则对企业的社会责任提出更高要求。

企业未来几年最大的挑战是:外部环境多变与组织内外部不协同之间的矛盾。企业在推动跨部门、跨企业之间的高效协同上,发现了供应链管理的重要性。

供应链(Supply Chain)是围绕核心企业,通过对信息流、物流、资金流的控制,将供应商、制造商、分销商、零售商,以及最终用户连成一个整体的功能网链结构。供应链结构图如图1-1所示。

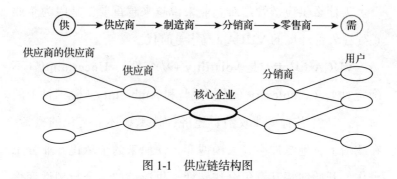

图1-1 供应链结构图

供应链是一个物理结构,所有企业都会有供应链,但不是所有企业都有供应链管理。供应链管理(Supply Chain Management)是对整个供应链系统的设计与管理,它的定义是以客户需求为导向,以提高质量和效率为目标,以整合资源为手段,实现产品设计、采购、生产、销售及服务等全过程高效协同的组织形态。

1.1.1 供应链管理的六大方向

供应链管理价值的实现,依赖于供应链管理的六大方向:创新、协同、绿色、双赢、开放、数智化。

(1)创新。

创新,是指通过新技术和新方法提升供应链效率,创新价值,降低成本,满足市场需求。创新是供应链竞争优势的来源。

(2)协同。

协同,是指供应链各环节和参与方之间的合作与信息共享,实现供应链各环节的无缝连接和实时沟通,从而提高响应能力和灵活性。协同使供应链效率得以实现。

(3)绿色。

绿色,是指注重环境保护和可持续发展,减少资源消耗和污染。例如,采用环保材料和技术,减少碳排放和对环境的不利影响。绿色是供应链可持续发展的要求。

(4)双赢。

双赢,是指追求合作共赢,实现供应链各方的共同利益和长期发展。供应链各环节要努力建立长期合作关系，共享技术和信息，提高生产效率和产品质量。双赢是供应链各环节保持长久合作关系的要求。

（5）开放。

开放，是指与外部环境的互动和适应，吸纳外部资源和创新元素。通过开放的供应链平台，企业与外部合作伙伴合作，引入最新技术和管理理念。开放是供应链活力与机会的来源。

（6）数智化。

数智化，是以数字化技术为基础，以数据为核心，以产品或服务转型和流程重构为手段，与互联网、物联网深度融合，应用大数据与算法进行智能决策与运行，从而实现企业绩效与竞争力的根本性提升。数智化是供应链智能化、自我进化的能力来源。

1.1.2　如何衡量供应链管理的价值

市场变化越来越快，预测越来越不准，企业需要快交付、低库存的柔性供应链；行业内卷，企业需要高质量、低成本的极致性价比的强健供应链。人们越来越认识到：未来的竞争，将不再是企业之间的竞争，而是供应链之间的竞争。

那么供应链管理的价值到底表现在哪里？或者说如何向

企业管理层证明供应链管理的价值？我们从企业经营与对外部利益相关方贡献两个维度来分析。

1. 供应链管理对企业财务指标的贡献

供应链管理对企业财务指标的贡献可以通过提高净资产收益率（Return on Equity，ROE）来体现，其计算公式如下。

净资产收益率 = 净利润率 × 总资产周转率 × 杠杆率

净资产收益率有3个重要指标：净利润率、总资产周转率和杠杆率。

（1）净利润率。

净利润率的提高可以通过提高营收和降低成本两种方式实现。

提高营收：通过供应链管理创造价值，实现差异化竞争，提高产品售价，增加利润。

降低成本：通过消除浪费，实现总成本领先，节省的成本直接转化为利润。

（2）总资产周转率。

总资产周转率的提高可以通过优化流程和缩短交期、提高效率和柔性实现。要想盈利，对于饭店，可以提高翻台率；对于工厂，可以提高库存周转率。周转率越高，资本使用效率越高，利润也就越高。

（3）杠杆率。

杠杆率（=总资产/净资产）反映企业资金的来源是股东资金、银行贷款还是供应商资金。轻资产运营模式，如商超、家电卖场和电商平台，通常通过先收取客户的资金再延迟支付给供应商，以获得良好的现金流，实质上是将供应商作为一种融资渠道。

在当下环境中，三个指标中最重要的指标是总资产周转率，因为高周转率不仅提升了资本的使用效率，还能显著增强公司的竞争力。

2. 供应链管理支撑研发战略、营销战略，使研发、营销与供应链高效协同，构建企业价值链，形成企业护城河

价值链是企业为客户创造价值、获得具有竞争优势的关键活动的组合创新与高效协同的动态组织形式。每次关键活动的价值链组合创新与高效协同，都是企业业绩的转折点。华为不是国内最早进入手机行业的，但现在已成为国产手机的领先者。通过梳理华为手机的发展史，我们就能看到华为供应链管理与产品管理、营销管理的组合创新与高效协同。

2007年前后，华为手机产品为ODM（俗称"贴牌"）模式，毛利低。市场战略是红海竞争，成本为王。供应链配套策略为成本导向，迫不得已要频繁更换供应商，保证供应是供应链的主要任务。

2011年出现大转折,华为通过三亚战略会议,确定产品策略转向高端,并在当年推出了P1和Mate1。进入蓝海市场后,市场战略是产品上市要快。供应链配套策略是推行阳光采购、价值采购,主要任务是对供应商分层分级、推动物料选型向主流汇聚,这样才能使产品上市更快。

2012年,华为通过集成研发系统,使P7/Mate7的销量均达到百万台。市场战略是技术领先,上市即上量,交付要快。供应链配套策略是要早期介入、联合开发,主要任务是推行品类管理与供应商的战略合作。

2013年是华为的分水岭,产品从P8到P10、Mate8到Mate10,Mate10销量更是达到千万台。市场战略采用的是双品牌齐头并进,华为品牌走高端,对标苹果;荣耀品牌走性价比,与小米等竞争;人无我有、人有我优;市场要求供应链交付柔性、持续降本。供应链配套策略则是深度协同,洞察产业链,管理二级供应商,撬动供应商的竞争,实施降本二十法。

2019年是华为的新起点,外部受美国制裁,面临芯片断供的压力。市场战略是活着就是硬道理,发展中求生存,出售荣耀品牌获得现金流。供应链策略是国产化推进,协助供应商提升能力、管控质量;合理布局海内外资源网络,构建健康供应链生态圈,做好风险预警与管控。华为价值链协同发展过程如图1-2所示。

8　供应商管理：开发、评估、选择与绩效改进

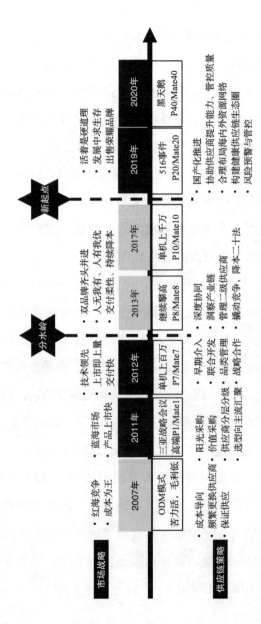

图 1-2　华为价值链协同发展过程

3.供应链管理对社会的价值

企业的财务指标,是果。如果要长期实现对社会的价值,则要构建一套多赢的创新价值的体系,是因。多赢的体系可分成四个部分,即客户、供应商、参与者(如员工和政府)、世界。总结下来,供应链管理的社会价值在于让客户满意、让供应商盈利、让参与者受益、让世界丰盛富足。

(1)让客户满意。

只有客户满意了,企业内部的财务指标才能得以实现。企业可以通过有效的供应链管理,确保客户得到优质的产品和服务,避免质量风险,从而提升客户满意度和忠诚度。

(2)让供应商盈利。

供应商是供应链的重要组成部分,其盈利能力直接影响供应链的稳定性和可持续性。企业可以通过建立合作共赢的供应链关系,帮助供应商提高生产效率和产品质量,并降低运营成本,从而实现双赢。

(3)让参与者受益。

通过供应链的有效运作,确保所有参与者,包括企业员工、合作伙伴和技术提供者等,都能从中受益,实现职业发展和收入提升。供应链的运作离不开每一位参与者的努力和贡献。企业通过提供良好的工作环境、职业培训和发展机会,提升员工的技能和收入水平。同时,通过与合作伙伴和技术提供者的密切合作，共享供应链价值，实现共同成长。

（4）让世界丰盛富足。

供应链管理的一个最重要的社会价值在于让世界丰盛富足。供应链人，一次又一次地对供应链进行优化，实质上是在以更低成本、更高效率的方式向世界提供更好的产品和服务。正是在供应链的所有参与者的共同努力之下，世界逐渐不再贫困，远离饥饿，越来越多的人，可以享受高品质的产品和生活方式。

管好供应链，打通价值链，才能实现多赢，造福社会。

1.1.3 供应商管理是供应链管理的主要风险点、价值点与瓶颈点

（1）供应链管理的风险点。

供应商的质量或环保等风险已成为供应链管理最主要的风险点。

随着市场竞争的加剧，专业化分工已成为共识。企业专注于自身的核心竞争力，而将其他部分外包给更有优势的供应商。这时，供应商管理就成为比公司内部生产更重要的课题。论其本质，供应商就是企业在外部的 N 个车间，而自己的车间是其中一个特殊的供应商。一个企业，与供应商是 1 对 N 的关系，N 多则数千，少亦有几十，而供应商还有其更

上游的供应商。在将众多原材料、辅料组装成成品，最后经由企业流转到客户手里的过程中，任何一家供应商出现质量问题、环保问题、交付问题，或是社会责任问题，都会影响到整个供应链的运作。以食品安全问题为例，大多数食品安全问题都不是出在企业内部的生产环节，而是出在某个供应商或是物流供应商身上，这应该引起企业足够的重视。

（2）供应链管理的价值点。

得供应商者，得天下。这里想谈一个现象——跨境电商。近几年，中国的跨境电商风起云涌，但深入跨境电商企业会发现，其管理能力并不比传统行业强，那是什么推动了跨境电商行业的高速发展呢？答案是中国的供应商。跨境电商的本质是中国有产品，海外有需求，或者说，中国的供应商，世界的供应链。跨境电商企业很好地利用了中国供应链的优势，或者说，中国供应商的优势，特别尊重供应商，与精选的少数供应商结成战略合作伙伴关系，积极使用供应商的专业来解决问题，自己专心做运营，从而实现了企业的高速发展。

有时，供应商比客户更专业。供应商是个宝藏，我们可能只开发了其10%的价值。如果供应商在技术、管理、知识上的资源与潜力被企业充分挖掘与使用，让供应商早期介入企业的产品开发，联合供应商共同改善，那么供应商将会被挖掘释放出更多的价值。

（3）供应链管理的瓶颈点。

供应商管理也有瓶颈，那就是供应商管理混乱，"群龙治水"。尽管供应商管理是企业的风险点与价值点，但相对销售、研发与生产而言，管理相对滞后。往往是在出了很多问题后才开始重视，但由于前期缺乏系统规划、企业惯性、问题多年沉积，造成供应商管理责、权不清，供应商苦不堪言，甚至出现劣币驱逐良币的现象，以下这些现象是否在你所在的企业也有发生？

1）各部门都想参与供应商开发，但发生问题时都不想去处理，找不到负责人。

2）研发部门总想选最好的、最大牌的供应商，而不考虑可采购性。

3）采购部门总想换更便宜的供应商，对供应商年年压榨以完成自己的降本任务。

4）质量部门总以卡得严来证明自己尽职，只管检验，不管后续纠正预防。

5）财务部门总想延长供应商账期，延迟付款，导致供应商资金困难，频繁向采购催款。

6）仓库部门让供应商的货车在门口等几个小时甚至几天（化工、材料加工行业居多）。

7）只要供应商出问题，就是罚款、罚款、罚款。

8）一朝天子一朝臣，换一个领导，供应商就要大洗牌。

……

多部门"群龙治水"，供应商苦不堪言、感觉被多部门"五马分尸"。一些企业的供应商管理流程，实际上是供应商一个一个部门拜访给串起来的。

总之，VUCA时代，要释放供应链管理的价值。而供应商管理，可能是中国企业管理最薄弱、挖潜空间最大的方向。

1.2 供应商管理之道

1.2.1 重要决策：自制还是外包

自制还是外包？这是供应链管理最重要的一项决策，也常是企业创始人及其管理团队纠结的一个课题。自建工厂成本可控，但要资金投入，自建后能否有效管理也是个大问题。

作者曾为一家做酸菜鱼的企业创始人解答过问题，下面是当时的实录。

酸菜鱼里的鱼，应该买，还是自己养？

这家做酸菜鱼的餐饮企业之前经历了三个阶段的转变：第一阶段，创业初期，从外部买鱼。第二阶段，门店数量到达百家，管理团队发现辛苦赚来的钱，大部分用来买鱼了，于是分出团队自己养鱼；但遇到了很多"坑"，不仅鱼的口感不好，成本还比直接从供应商那里购买的高，于是终止自养。第三阶段，门店数量扩大到近500家，自养的声音又在团队里躁动。创始人也无法判断，怎样的决策才是正确的。

创始人咨询："究竟我们应该买鱼，还是自己养？判断的依据是什么？"

顾问问："今年企业最重要的目标是什么？"

创始人答："今年的目标是开200家门店。"

顾问问："开200家门店，对客人而言，最看重的是什么？"

创始人答："口味好，卫生好、服务好。"

顾问问："客人是否关心鱼是自养的还是外面买的？"

创始人答："没人关心。"

顾问问："自养，最大的风险是什么？"

创始人答："最大的风险是鱼养起来了，店没开起来。我们从餐饮业进入养殖业了，这完全不是我们擅长的。而且一旦自养，和其他供应商就是竞争关系了，反而不利于我们的扩张。"

顾问问："团队坚持自养的理由是什么？"

创始人答："为了降本。"

顾问问:"如果为了降本,除了自养,还有其他方法吗?"

创始人答:"有的,我们可以和供应商好好谈谈价格,达成战略合作,甚至可以买一点儿供应商的股份,这样既可看懂成本,也可以从供应商的收益中获得利润。"

顾问问:"关于自养还是买,您有答案了吗?"

创始人答:"有答案了,目前阶段的要事仍是开店,我们应该利用供应商的专业优势谈战略合作,而不是重资产自养,感谢您帮我们省下一大笔可能带来风险的投资。"

1. 自制与外包的决策依据:终局思维

关于自制还是外包,步步高、OPPO、VIVO三家企业的创始人段永平在访谈时谈到了他的决策依据:终局思维。

步步高在1999年和2000年连续两年成为央视广告标王,期间为步步高服务的广告公司赚了很多钱。于是有些高管建议:"这个钱与其让别人赚,不如我们办一家广告公司?"这个提议听起来很合乎逻辑,高管们对此非常乐观:步步高掌握了最宝贵的客户资源,就是自己;步步高DVD属于大众电子消费产品,当时是需要持续在营销上投入的。至于人才和方法,他们认为可以通过招聘解决,高管们非常有信心比别的广告公司做得更好。

段永平却说:"这件事情的结果一定会失败,因为如果这套逻辑成立的话，那么今天这个世界上最大的广告公司应该是可口可乐广告公司和宝洁广告公司。然而结果并不是，这里面必然有原因，我不懂这个行业，也不知道那个必将导致我们失败的具体原因是什么，但是我知道结果一定会失败。"

这个回答淋漓尽致地体现了终局思维。可口可乐和宝洁是世界级的大公司，营销中的广告费用可以说是天文数字，要资源有资源，要人才有人才，只要时间足够长，它们总有一天会孕育出世界上最成功的广告公司。然而，百年已去，这件事情并未发生。那么一开始的假设就肯定有问题，所以这个业务就不应该碰。

段永平在业务选择上，还面临自做还是代工生产（Original Equipment Manufacturer，OEM）的选择。当时，南方贝尔要下巨量电话机订单给步步高，这一定会是赚钱的业务，但段永平拒绝了这项业务，南方贝尔的代表很是惊讶："在中国，还没有人拒绝过我们的订单呢！"公司的管理层也觉得拒绝这个机会太可惜了。

段永平拒绝的理由是："为什么我们不做OEM呢？长远来讲，我们想建立自己的品牌，我们需要把所有的资源投入到自己的产品上。做OEM有很专业的公司，它们有很专业的办法去满足很多不同客户的不同要求，我们根本就没有精力去做这些事情，所以长远来看，我们是会输给那些专业做

OEM 的公司的,既然知道长远会做不过别人,那我们干脆就不做。"

以终局思维来思考,从终点出发,来思考当前的选择。既然长远会输,那就干脆不做。

2. 自制与外包的决策依据:是否赚钱

企业的目标是现在及将来都要赚钱。在自建还是外包上,以色列企业管理大师艾利·高德拉特博士提出了是否赚钱的3个指标:有效产出是否会增加?存货是否会下降?运营费用是否会下降?

(1)自建工厂有效产出是否会增加,即市场份额或订单是否会增加?

(2)自建工厂存货是否会下降?

(3)自建工厂运营费用是否会下降?

这3个问题问完,企业是需要自建还是外包,就有答案了:绝大部分企业都不用自建工厂,因为现在个别领域面临产能过剩的问题,大部分都是重复建设,浪费资源。永远记住,对工厂的订单分配权、管理权比所有权更重要。

1.2.2 重要认知:没有不好的供应商,只有不好的供应商管理

经常与外国供应商合作的企业会有一个感受:中国的供

应商,是世界上最好的供应商;中国的供应商,是真正以客户为中心的供应商。在疫情期间,即使肩扛手搬,也要把货物送到客户手中。如果连中国的供应商都管不好,企业的全球化进程就更不用想了。

没有不好的供应商,只有不好的供应商管理。这句话有些人认为过于绝对,因为现实中确实有不好的供应商。但我们要问的是:这个供应商是谁开发的?谁选择的?谁管理的?把问题归结于供应商不好,很简单,但不解决任何问题。只有把问题归结于自己的供应商管理能力,我们才能够真正解决自己的供应商管理的问题。

同样的员工,不同的管理方式,产生的绩效就会不同。

以汉朝开国皇帝刘邦为例,其创业期的管理团队中,有养马赶车的夏侯婴、有杀狗卖肉的樊哙、有背景好的萧何、有从项羽那里来投奔的韩信。刘邦激发了这些人的潜能,用人所长,最终成就了大业。而楚霸王项羽,开局良将如云,兵强马壮,自己又很能打,但因团队管理不善,最终在乌江自刎。

与此相仿,同样的供应商,不同的供应商管理方式,供应商的表现会大不相同。

案例:SHEIN 的供应商管理之道

SHEIN,这家行事低调的品牌,在全球时尚界和跨境零售领域中异军突起,凭借超越 H&M、Zara、优衣库等时尚巨头的上新速度，成功抢占海外热门购物榜单前列位置。SHEIN备受瞩目的秘诀之一，就是其以"小单快返"著称的柔性供应链。而柔性供应链背后，是它的供应商管理能力。

"SHEIN改变了这个行业，让行业朝好的方向发展"，一个和SHEIN合作多年的供应商如此评价。

（1）达成小单快返。2015年，SHEIN将总部从南京迁到广州番禺。这里是服装的产业集群地，具有丰富的面辅料和工厂资源。生产以番禺南村为中心，当地80%的大小工厂都为SHEIN服务，以SHEIN为中心所有工厂的距离半径在5公里以内，为SHEIN的快速反应提供了地理优势。

（2）帮供应商解决了"库存"这一行业难题。供应商工厂最担心的是如何备原料库存，备多了会因客户订单变化造成面辅料的库存积压；备少了又会影响交货，而且单独购买也并无成本优势。SHEIN将供应商担心的问题彻底解决：面辅料由SHEIN统一购买，并提供给工厂，工厂只管加工制造。一方面可以发挥SHEIN集中采购的成本优势，另一方面可以解放工厂，使其不用担心备原料库存的问题，专心生产。当然，SHEIN也可能出现成品滞销，面辅料呆滞，这时SHEIN的设计师团队会根据呆滞的面辅料，再设计一些新款，将这批呆滞的面辅料消化完。

（3）善待供应商，优化账期。服装行业有个不好的习惯，账期很长，有的还要拖欠。有的品牌商拖欠供应商货款可能长达1年，很多供应商不堪重负，甚至被"拖死"。SHEIN比较"厚道"，将账期做到行业内最短。有的供应商没有钱去扩大生产，SHEIN会为供应商提供贷款，让它们去买设备、建厂房。

（4）帮扶供应商。SHEIN招募的供应商规模往往不大，"作坊工厂"居多。为了更好地实现对面辅料供应商、成衣加工厂的统一管理，在SHEIN总部南村专门成立了"供应商培训中心"，每个月都会对面辅料供应商、成衣加工厂（供应商负责人、各模块负责人）进行统一培训，涉及工厂审核、面辅料检测、检验标准、板型尺寸标准、工厂查货标准、工厂管理标准等内容。培训完还要进行结业考试，如果某个工厂培训考试不合格，就会影响订单量。在供应商最重视的订单分配上，SHEIN将其算法化，从下单开始到工厂系统自动排单，减少人为影响。每天晚上，系统会根据各个工厂的准交率、品质合格率等数据，按系统规则将订单优先排给绩效好的工厂。

（5）供应商的数字化管理。SHEIN在供应商端推广MES（制造执行系统），通过MES可以实时抓取供应商制造数据，包括计划排程、生产调度、库存、质量数据等。通过数字化管理，将原来在物理上离散的小工厂连接成为一个在虚拟空间内超大的网络。系统后台每天可以清晰地统计各个工厂从裁床、车间缝制、尾部后整到包装等各模块的产能,统计一个周期的数据,明确在哪个环节用时最长,以提高效率。近的地理位置,透明的信息,使管理成本与交易成本大幅降低。

供应商不用担心库存问题、账期问题、订单问题,只专心做自己最擅长的事,即使利润稍低,要求要快,供应商也愿意全力配合。正是通过这些做法,SHEIN获得了一批忠诚度很高的供应商,也支撑了SHEIN的快速发展,其规模达到了千亿美元市值。

所以"我"是一切问题的根源,向内求,都是解决方案,向外求,都是借口。

没有不好的供应商,只有不好的供应商管理,重在管理!这是最重要的认知。

什么是管理?在这个快速变化的时代,管理活动实际上是分"管"和"理"的,为了让大家更好理解,我们看下面的管理系统模型,如表1-1所示。

表1-1 管理系统模型

项目	管	理
释义	管事(聪明)	理顺赋能(健康)
侧重	科学	艺术
关键策略	事业愿景 目标、场景	表达真诚的欣赏和感谢 关注共同利益
关键行为	策略、流程、标准、改进	信守承诺,共同参与

在管事的逻辑里，要遵循科学，例如，戴明环［计划（Plan）、执行（Do）、检查（Check）和处理（Act），PDCA］等工具。管理供应商的"事"要制定目标、区分场景。场景不同，就要做不同的分类管理。根据不同的分类，制定相应的策略、流程与标准，然后不断改进。

在理顺赋能上，要表达真诚的欣赏和感谢，关注共同利益；要共享事业愿景，要信守承诺，共同参与，实现供应商的有效管理。让供应商有尊严，感觉有爱。

1.3　有竞争力的供应商管理之屋

如何构建供应商管理系统？首先要构建科学的顶层架构，其次要盘点供应商资源池，产出供应商开发计划，再次进行供应商开发、评估与选择，最后对已合作供应商进行绩效管理、运营改进、发展赋能。

1.3.1　如何搭建有竞争力的供应商管理系统的顶层架构

企业要搭建有竞争力的供应商管理系统的顶层架构，要回答以下5个问题。

（1）采购与供应链使命、愿景是什么？

（2）采购与供应链核心价值观是什么？

(3)采购与供应链管理原则是什么?

(4)采购与供应链业务风险控制是什么?

(5)采购管理的方法是什么?

这5个问题构成了"一个屋顶":供应商管理之屋的顶层架构如图1-3所示。

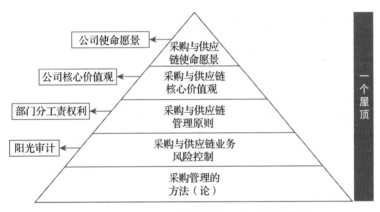

图1-3 "一个屋顶":供应商管理之屋的顶层架构

1. 采购与供应链使命愿景

使命讲述的是采购与供应链存在的原因。愿景是帮助团队成员明确自己的理想和未来成功后的状态。供应商管理系统,要向上对公司的使命愿景进行支撑,并符合逻辑。

以顺丰为例,描述企业采购与供应链使命愿景。

▶ 打造行业领先的价值采购体系。

- 提供优质、专业、高性价比的采购服务。
- 提升客户满意度和核心竞争力。

当团队成员理解和共享组织的采购与供应链使命、愿景时，他们更有动力去追求共同的目标，凝聚团队精神，从而提高工作效能和生产力。

2. 采购与供应链核心价值观

价值观需要明确采购与供应链所崇尚的行为准则，以及面临选择冲突时的优先级。

采购与供应链核心价值观向上承载企业的核心价值观，向下分解出采购与供应链工作中的一些具体行动和要求。

以下为范例。

（1）正直与协作。

- 在信任、诚实与正直的基础上构筑与供应商的长期合作关系。
- 绝不为求得局部或者部门利益而牺牲公司的整体利益。
- 坚持跨部门之间的团队协作，确保采购行为的公开、公平与公正。

（2）理解与沟通。

- 全面、充分地理解内外部客户需求以及供应商能力。

- ▶ 阐明本企业和供应商观点，促进各层次和各部门之间的理解与沟通。

(3) 优化与创新。

- ▶ 持续追求具有竞争力的技术、成本、质量、交付、服务和创新。
- ▶ 持续提升采购管理能力。
- ▶ 持续提升采购团队职业技能水平。

例如，采购经常被人质疑：为什么帮供应商说话？如果按上述价值观：在信任、诚实与正直的基础上构筑与供应商的长期合作关系；坚持跨部门之间的团队协作，确保采购行为的公开、公平与公正；阐明本企业和供应商观点，促进各层次和各部门之间的理解与沟通。那么在没有供应商在场的讨论中，必须有人正直地代表供应商发言，组织应该鼓励这种行为。

3. 采购与供应链管理原则

原则是对价值观的承载，它描述了部门之间的责权利（责任、权力、利益），明确谁为之负主责，应该如何负责？

以下为范例。

（1）授权原则。

企业授权采购部门作为对供应商进行商业承诺的唯一组织（商业承诺包括但不限于供应商选择、合同、订单、价格、备货），其他部门绕过采购部门对供应商进行类似的承诺是无效的，且属于违规行为。

（2）诚信原则。

与供应商合作及所有的商业活动必须遵循诚信与商业道德准则。

（3）公开、公平、公正原则。

这是采购业务行为的基本原则。采购部门负责为公司获取最佳的总体价值，要确保采购行为的公开性，对待供应商的公平性及采购决策的公正性。

4. 采购与供应链业务风险控制

这是指建立完整的风险管控体系对采购业务风险进行全面控制，规范业务行为及对业务活动进行监督审查。

以下为范例。

（1）规范采购业务中明令禁止的行为。

（2）禁止贿赂、欺诈、串通投标、胁迫等违反诚信原则的行为。

（3）禁止泄露商业机密。

（4）禁止违反法律法规的行为。

（5）禁止违反商业约定的行为。

对以上的行为依法或依据公司业务行为规范进行严肃处理。

此外，采购与供应链业务风险控制还包括业务活动监督审查，即公司审计监督部门对采购关键业务活动进行监督审查，提出优化建议；建立公开的投诉渠道，包括设立反馈/举报邮箱、电话等。

5. 采购管理的方法论

采购管理的方法是采购管理工作的具体方法论，指引采购与供应商管理的工作方向。

以下为范例。

（1）分品类的战略采购管理。

▶通过品类支出及需求分析、品类市场分析，制定品类采购策略（包括内部需求优化策略以及外部供应渠道优化策略），以实现对品类的战略采购。

▶采用支持不同品类特点的多种采购方式。

（2）关注总体拥有成本（Total Cost of Ownership，TCO）管理。

- 避免以价格作为采购决策的核心主导,综合评估7个维度〔TQRDCES,即技术(Technology)、质量(Quality)、响应(Response)、交付(Delivery)、成本(Cost)、环境(Environment)、安全(Safe)〕,关注供应商提供综合服务的能力。
- 关注TCO,以性价比最优作为采购决策的依据和目标。

(3)实施分级分类的供应商管理。

- 对新供应商的引进进行严格把关,实现供应以及质量风险管理的前置。
- 对合格供应商进行分级分类管理,培养优质供应商,淘汰低质供应商,保证合格供应商池的健康度。
- 与供应商建立长期合作关系,深度协同,共创价值。
- 注重供应商的持续优化与创新能力,以及供应商的社会责任感,确保供应商有更具竞争力的服务保障。

案例:华为的采购与供应链方法论

华为由于受到美国的制裁堵截,必须要与国内供应商深度合作、共同开发,解决一系列卡脖子的技术难题,保证供应链的韧性。因此,华为要向组织内各职能部门、供应商阐明其采购体系的架构应该是什么样子?应该用的方法论是什么?对供应商管理的态度是什么?

华为的采购愿景

华为公司采购进入 3.0 时代，着力于建设战略采购、价值采购、阳光采购的科学采购体系，构筑安全、可靠、有相对竞争优势的健康产业链。

华为的方法论与共识

战略合作，联合创新，合作共赢，分享利益。

为支撑华为产品的持续领先和商业成功，华为鼓励产业链主流合作伙伴早期积极主动地介入华为研发，构建长期稳定的伙伴关系，建立合理的利益分享机制，共享合作收益，维护健康的产业环境，打造华为与供应商合作共赢、可持续发展、有竞争力的健康产业链。

质量优先，共建高质量

公司确定了持续"让 HUAWEI 成为 ICT 行业高质量的代名词"的质量目标和"以质取胜"的质量方针。以质取胜是华为坚定不移的核心战略选择，因此具备持续高质量和可持续发展能力的优秀供应商将会获得更多与华为合作的机会。用高质量的器件来制造我们的产品，用高质量的服务来交付我们的产品。与供应商及产业链上下游紧密协同，使华为能更好地向客户提供高质量的产品和服务。

运用先进的数字化技术，与供应商深度协同

构建及时、敏捷、可靠的采购协同体系，实现产业链信息多维度、多渠道、多形式的深度协同，使合作伙伴（如客户、供应商等）深度协同、快速高效地融入华为公司业务中。保障业务全过程信息能够安全、直观、多形式展示，并得到有效的监控。运用先进的数字技术和数字化工具来简化流程，提升业务效率，保障业务安全、便捷操作和降低成本。

履行企业社会责任

华为高度重视全球采购及供应链对社会和环境的影响，华为与客户和供应商合作，共同推动全球供应链可持续发展。华为对标行业的优秀实践，将CSR（企业社会责任）融入采购战略及流程，并与供应商签署CSR协议。华为要求供应商遵守CSR协议及所有适用的法律法规、行业标准和国际标准，并将相同的要求逐级传递到整个供应链。本着持续改善的原则，华为与供应商共同识别和管理供应链CSR风险，并将CSR融入质量优先战略，基于优质优价的原则鼓励供应商持续改进。

将网络安全及隐私保护作为最高纲领

华为将网络安全及隐私保护作为最高纲领，并将网络安全和隐私保护置于商业利益之上，华为要求全球供应商遵从相关国家或地区的安全法律法规，遵从行业安全标准，满足客户网络安全要求。

阳光采购，公开透明，对腐败零容忍

华为倡导合规运营、遵从法律法规的要求，并致力于营造公平、公正、透明的阳光采购环境。华为采购建立了完善的内控监管体系和监管制度，从事前、事中、事后全方位管控采购业务风险，确保公司采购业务安全实施。

当组织的各职能部门都能够理解和共享组织的使命、愿景和价值观时，它们将更有动力去追求共同的目标，形成团队精神。当清晰界定自己的原则与方法论时，组织各职能部门就开始步调一致，与供应商高效协同，更大的供应链价值才能被释放。此外，这些顶层架构也对外部利益相关者产生积极影响，能够更好地与客户、合作供应商和社会进行沟通和互动。这种透明度和一致性有助于建立信任和声誉，吸引更多的客户和合作供应商，为组织的可持续发展提供支持。

1.3.2 三条横梁、四大支柱，建设供应商资源池

1. 三条横梁

建设一个强大的、有竞争优势的供应商资源池是很多企业供应链管理的首要任务。但如何建设才能实现竞争优势呢？在这方面，企业经常犯的错误是，既要、又要、还要、

也要。例如，希望供应商数量要多、成本要低、质量要好、技术要优、服务要强，其实这种要求是不切实际的。企业越清晰地知道自己要什么，供应商资源池建设就越简单。因此，供应商资源池建设的三大共识至关重要，构成了供应商管理之屋的三条横梁。

横梁一：方向共识。现阶段该业务是做大还是做强，这将决定供应商资源池是扩大还是收缩。

横梁二：目标共识。多、快、好、省、独、值，聚焦哪个？这将决定供应商的选择标准。

横梁三：打法共识。哪些匹配精益供应链？哪些匹配敏捷供应链？这将决定供应商资源池的结构分层。

2. 四大支柱

有了三条横梁，以此对供应商资源池进行规划与盘点，以物料的品类为最小颗粒，将各品类分为战略品类、杠杆品类、瓶颈品类、日常品类，从而构成四大支柱，如图1-4所示，对四大支柱分别确定供应商管理的整体策略。

- ▶供应商数量是多还是少？这是解决够不够的问题。
- ▶目前供应商的绩效如何？这是好不好的问题。
- ▶目前与供应商的关系如何？这是铁不铁的问题。
- ▶与竞争对手相比，价值创造如何？这是赢不赢的问题。

三条横梁用来审视四大支柱，是标尺。四大支柱按品类对供应商资源池进行分类盘点，是支撑。三条横梁，四大支柱，共同搭建起企业的供应商资源池。这是第2章的内容。

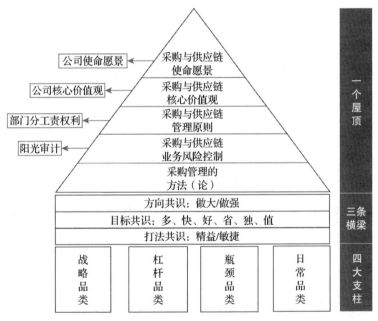

图1-4 "三条横梁"+"四大支柱"

1.3.3 五层地基

在对供应商资源池进行盘点后，产出了供应商开发计划，引出了支撑供应商管理之屋的五层地基。

1. 第 1 层：供应商开发层

在供应商管理上，选好比管好更重要，那么如何选好供应商，第一次把事情做对呢？这取决于供应商开发的三大流程。

- 如何做好企业内的需求分析？
- 如何有效地寻源，找到更精准的寻源路径与方式？
- 如何对供应商进行有价值的现场审核，全面评估供应商的风险？

这是第 3 章的内容。

2. 第 2 层：产品承认层

国产化或供应商替代对企业降本、保证供应链安全都非常重要，但很多企业开头"轰轰烈烈"，最后却卡在了产品承认上。

- 经常出现与技术部门说不清楚标准，与供应商的技术沟通不全面的情况。
- 样品合格，量产后问题一大堆。
- 后期更换供应商发现没有任何技术资料，受制于供应商。
- 如何加快研发部门对产品承认的速度？

- 如何提升一次开发的成功率？
- 有哪些工具方法，能够跟供应商有效沟通，以提高效率、减少弯路？
- 建立新品承认流程，破解新产品开发的成功率与效率难题。

这是第4章的内容。

3. 第3层：供应商绩效管理层

- 合作后，如何建立供应商绩效考核体系？
- 如何让绩效考核有效果？
- 什么样的供应商不需要考核？什么样的供应商一定要考核？
- 供应商绩效考核的指标该如何设计？
- 供应商绩效的月度考核、季度考核和年度考核之间，有什么联系，有什么区别？
- 供应商的订单分配规则，该如何跟绩效进行挂钩？
- 评价后，如何依据考核指标，建立供应商的激励与优化体系，包括淘汰制、订单分配激励制、感谢信等，形成绩效管理闭环，打造一个公平、公正、公开的供应商合作环境，实现供应商的良好绩效。

这是第 5 章的内容。

4. **第 4 层：供应商运营改进层**

供应商绩效还取决于企业内部的运营改进。供应商运营主要是针对交付、质量和成本方面的运营。

- ▶ 交付上，为什么一直无法解决，只能靠催，包括"夺命连环"电话催、驻场催来解决。供应商的交付改进上，将以供应链示范企业林德叉车为例，说明如何应用数字化进行供应商交付改进，包括短缺料的模拟、供应商管理库存（Vendor Managed Inventory，VMI）与准时化（Just In Time，JIT）的供应商交付体系构建。

- ▶ 质量上，客诉为什么反复出现？除了罚款和退货还能做些什么？如何帮助供应商构建一套免检的体系？供应商质量改进方面，将讲解供应商人机料法环［人（Man）、机器（Machine）、材料（Material）、方法（Method）、环境（Environments），4M1E］变动管理、出现问题后如何用 8D 法解决，以及免检体系建设。

- ▶ 成本上，年年降本有指标，除了商务降本，还有没有一些更好的方法？供应商成本改进方面，将讲解四维降本的方法论，其中除了商务降本，还有流程降本、技术降本和共享共建降本，并实操分享供应商早期介入研发、供应商合理化建议与跨部门专项降本活动如何组织。

这是第 6 章的内容。

5. 第 5 层：供应商发展层

供应商发展，要从战略层面上，回答以下三个问题。

- 如何对供应商进行有效帮扶？中乔体育在供应商赋能上的探索与实践。
- 如何协同进行绿色供应链建设？如何让供应商能够接受供应链绿色建设？绿色供应链的指标体系如何在供应商落地。
- 如何搭建供应链生态体系，立足当下，面向未来，实现更加可持续和具有竞争力的商业生态系统？

这是第 7 章的内容。

供应商的开发层、产品承认层、绩效管理层、运营改进层和发展层，构成了供应商管理之屋的五层地基，地基打得越扎实，上层建筑越牢固。

"一个屋顶＋三条横梁＋四大支柱＋五层地基"构成了供应商管理之屋，如图 1-5 所示，这也是全书的整体架构。

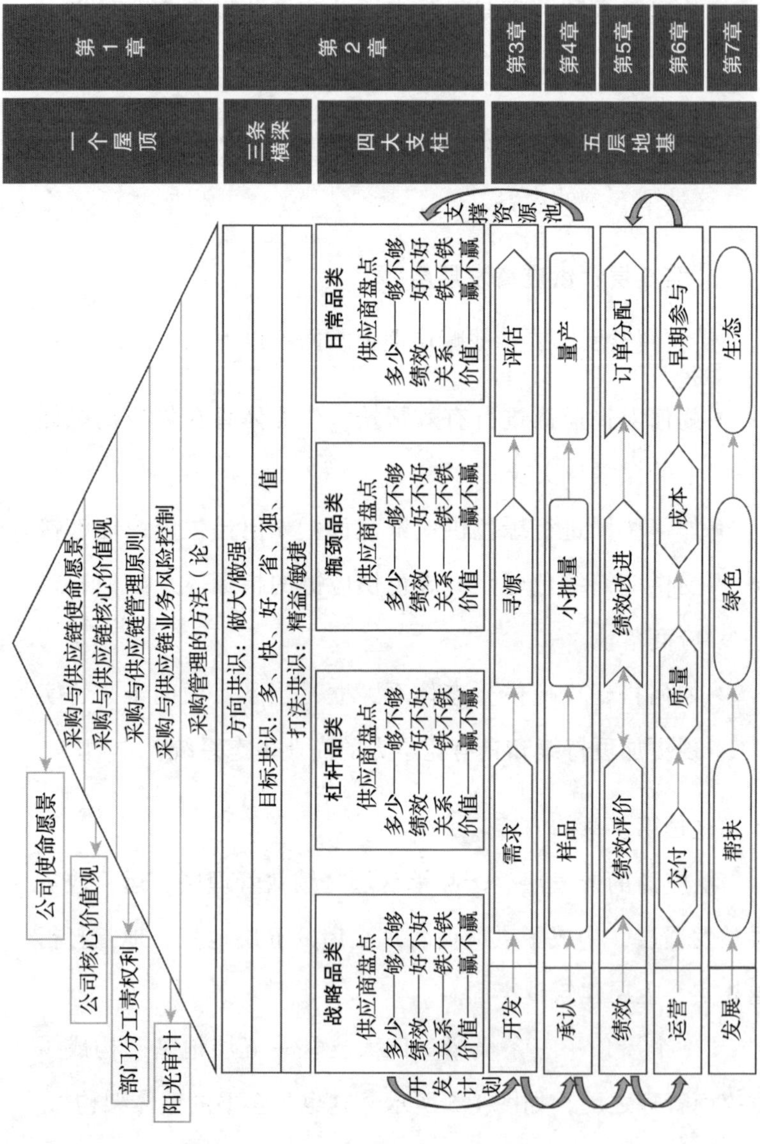

公司使命愿景
采购与供应链使命愿景
公司核心价值观
采购与供应链核心价值观
部门分工责权利
采购与供应链管理原则
阳光审计
采购与供应链业务风险控制
采购管理的方法（论）
方向共识：做大/做强
目标共识：多、快、好、省、独、值
打法共识：精益/敏捷
战略品类
供应商盘点
多少——够不够
绩效——好不好
关系——铁不铁
价值——赢不赢
杠杆品类
供应商盘点
多少——够不够
绩效——好不好
关系——铁不铁
价值——赢不赢
瓶颈品类
供应商盘点
多少——够不够
绩效——好不好
关系——铁不铁
价值——赢不赢
日常品类
供应商盘点
多少——够不够
绩效——好不好
关系——铁不铁
价值——赢不赢
开发计划
支撑资源池
开发
需求
寻源
评估
承认
样品
小批量
量产
绩效
绩效评价
绩效改进
订单分配
运营
交付
质量
成本
早期参与
发展
帮扶
绿色
生态
一个屋顶
第1章
三条横梁
四大支柱
第2章
五层地基
第3章
第4章
第5章
第6章
第7章

图 1-5　供应商管理之屋

学以致用

【学】请用自己的语言描述本章的要点。

【思】描述自己企业的相关经验与本章对自己的启发。

【用】

准备如何应用？希望看到的成果是什么？

会遇到哪些障碍？

解决障碍有哪些方法、措施、资源?

行动计划:

02
第2章

如何规划有竞争优势的供应商资源池

供应商资源池是由供应商管理之屋的三条横梁和四大支柱构成的（见图1-4）。三条横梁即三大共识，拉通管理团队在方向、目标和打法上的共识。四大支柱是将供应商按照物料的品类分为战略、杠杆、瓶颈和日常四大类型。通过对三条横梁和四大支柱的盘点，制订出供应商管理的年度工作计划，帮助规划出有竞争优势的供应商资源池。

2.1 从战略到规划的三大共识

供应链竞争依靠优秀的供应商，优秀的供应商来自动态优化、结构合理和创造价值的供应商资源池。但对于什么是好的供应商资源池，企业内部却很少能达成共识。公司的高层及财务审计部门往往以问题为导向,通过发生的个别问题来评判供应商资源池;研发部门希望有技术能力强的供应商;质量部门希望个个都是质量好的供应商;而采购部门要降本,希望都是低成本的供应商。各部门从自身的关键绩效指标出发,对供应商资源池的诸多诉求(既要、又要、还要、也要),更像许愿,不切实际。也许,我们永远都找不到质量好、交付快、成本低、技术优、服务强、账期还长的所谓的完美供应商,但可以找到适合自己企业需求的供应商。管理团队应在供应商资源池建设上达成三大共识,分别是方向共识、目标共识与打法共识。这三大共识构成了供应商资源池的三条横梁,从而上接战略、下接绩效、聚焦目标、引领构建优势供应商资源池。

1. 方向共识:当下阶段,做大还是做强

尽管有人会开玩笑地说"做大做强,再创辉煌",但实际上因为企业资源有限,做大、做强很难兼得,聚焦才能力出一孔。做大是做营业额,要扩大市场占有率;做强是做利润,要聚焦,砍掉不赚钱的产品或业务。

什么时候做大呢?如果市场是一片蓝海,处处都是黄金,这时应高歌猛进、抢占市场,适合做大。早期互联网公司为了抢占市场,几乎都是选择先做大,经常采用补贴用户

的策略，这时赚钱不重要，用户数量、规模才重要。做大时，由于业绩快速增长，一些品类的产能会跟不上发展的速度，这时要提前预判哪些品类会卡脖子，除了要让现有供应商扩大产能，还要提前开发更多的新供应商，扩大供应商资源池。

什么时候做强呢？如果市场是一片红海，存量内卷、竞争激烈，要想在其中活下来，利润更重要，这时企业不仅要砍掉不赚钱的客户、不赚钱的业务、不赚钱的产品，更要苦练内功，抓能力建设。对供应商管理策略而言，第一，精简供应商数量，淘汰质量差的供应商，将释放出的订单给到质量好的供应商；第二，以量换价，跟质量好的供应商谈降本，告知供应商利润率会降低，但利润会增加。做强，要精减供应商资源池。

2. 目标共识：多、快、好、省、独、值，究竟怎么选

企业的战略目标决定了供应链的战略目标。战略目标通常是在多、快、好、省、独、值中选一至两项，这些目标决定了企业为客户创造的价值与竞争优势。"多"即更全的品类、丰富的SKU（库存单位）；"快"即交付速度更快；"好"指产品或服务质量更好；"省"指价格更低，消费者支出更省；"独"指独特，为客户提供独一无二的、定制的产品或

服务;"值"指性价比超出客户期望。企业因为资源有限,所以不能既要、又要、还要、也要,必须聚焦,在多、快、好、省、独、值中选一至两项,且要排序。例如,中国的几大电商平台中,京东是快、好,淘宝是多,拼多多是省。如果经济下行,更多消费者会选省,所以拼多多的业绩就会优于京东或淘宝。根据企业各自的战略目标,京东、淘宝、拼多多的供应商资源池的目标也就清晰了。

一家定位于高端行业客户与男女朋友礼品的拉杆箱企业,经过研讨,确定其供应链战略目标为独和好。独是每件定制,可以为客户定制样式与印制内容。因为是定制,所以要拉通客户、制造商与供应商,数字化建设成为关键;因为客户高端以及定位是男女朋友相送的礼品,所以产品质量要好。根据独和好的战略目标,该企业选择供应商时,要倾向于定制能力强、质量好的供应商,而成本低、交付快则不再是选择供应商的主要依据。

3. 打法共识:哪些供应商匹配精益供应链,哪些供应商匹配敏捷供应链

企业往往有两种产品类型:一种是稳定型产品,特点是需求稳定、可预测。需求稳定也意味着竞争激烈,会导致产品利润率下降;可预测意味着可以平稳排产;客户的核心需

求是省,企业主要目标是聚焦于效率,通过规模化生产降低成本,这就需要供应链上下游参与、持续改善、降低成本、提升质量、缩短提前期,这时选择供应商的重点是成本和质量,匹配战略为精益供应链。另一种是创新型产品,如高科技产品或流行时尚类产品,需求难以预测,客户核心需求是快,对企业而言,将产品快速上市,比降本对企业更有价值;企业的主要目标是聚焦于响应,快速响应客户的不可预测的需求,让畅销品快生产,控制滞销品,并采取主动措施减少提前期;这时选择供应商的重点是速度、柔性和质量,不要求成本最低,匹配战略为敏捷供应链。打法共识如表2-1所示。

表 2-1 打法共识

项目	稳定型产品	创新型产品
特点	需求稳定,可预测	不可预测的需求
客户核心需求	省	快
主要目标	聚焦于效率 最低生产成本,不一定要满足个性顾客的需求	聚焦于响应 快速响应不可预测的需求,让畅销品快生产,控制滞销品
提前期	在不增加成本的前提下缩短提前期	采取主动措施减少提前期
选择供应商的重点	成本和质量	速度、柔性和质量
匹配战略	精益供应链战略	敏捷供应链战略

在供应商资源池里,要准备两类供应商:一类是匹配大批量订单的供应商,对成本和质量可以提出更高要求;另一类是匹配多品种小批量或研发订单的供应商,对速度、柔性

和质量可以提出更高要求。在分配订单时,尽可能充分发挥供应商的各自优势。

方向共识:做大还是做强;目标共识:从多、快、好、省、独、值中选一至两项;打法共识:精益供应链还是敏捷供应链。这三大共识引领优势供应商资源池建设,构成了供应商资源池的三大横梁。

2.2 如何对供应商进行分类

"正确的坐标系能把一个无法解决的问题,转化成两个可以解决的难题。"

供应商群体错综复杂,在管理策略上不可一刀切。例如,谈到要和供应商建立何种关系时,很多人的第一反应是长期战略合作伙伴、双赢关系。理念是对的,但在现实中很难落地。有些供应商当你提出要建立长期战略合作伙伴关系时却不愿意,拒绝使用客户的采购合同与质量协议,要求只能使用自己的销售合同,且可能还要求预付款。而有些供应商积极托各种关系希望能和客户开展业务,而客户则使用招标、竞价的方式择优使用供应商。前者供应商强势,是瓶颈品类供应商;后者客户强势,是杠杆品类供应商。当然,还有一些供应商与客户就是偶尔买卖,双方各不在意,是日常品类供应商。这么看，能够彼此依赖、长期共存、结成战略合作伙伴关系的供应商少之又少。

那么，给供应商分类是按品类分还是按供应商分？ 答案是先品类后供应商。因为企业是先确定产品，依据产品分解品类，再依据品类确定供应商的。例如，由于芯片对企业的重要性，才确定了与芯片供应商的关系。此外，品类的供需关系变化会引发行业供应商地位的变化。例如，疫情期间，曾有一段时间口罩从原来的日常品类变成瓶颈品类，非常多的口罩供应商因此占据主导地位，但后续口罩产能过剩，这些供应商又回归到日常品类。最后，如果按供应商分类，容易导致假瓶颈品类供应商出现。例如，某杠杆品类有很多可选的供应商，由于企业内部原因，如关系户或是研发指定，导致某些供应商很强势，杠杆品类供应商变成瓶颈品类供应商，如果分析该品类为杠杆品类，这时解除企业内部限制，就可以使供应商重新回归到杠杆品类。

那么，如何分类呢？基于管理目标和任务不同，可能有多种分类维度，最本质的，是按供需双方的博弈力分类，但很难量化。而按风险与采购金额分类，可以量化，但偏向内部视角。所以建议企业先按供需双方的博弈力分类，再按风险与采购金额维度分类，两者对照整合，得出较为科学的分类方法。

1. 按供需双方的博弈力分类

按供需双方的博弈力分类，即在该品类上，需求方博弈力与供应方博弈力的相互对比。

需求方博弈力，取决于在该品类上需求方能为供应方带来多大的利益。这种利益往往表现在供应方最关心的 4 个问题上：现实利益、未来发展、能力提升、品牌形象。

- ▶ 现实利益：是指需求方在相关市场拥有多少份额，可以给供应方多少份额。当供应方在相关市场只能与需求方合作而别无选择时，需求方对供应方博弈力最大。例如，国家电网等企业对上游供应商具有很大的博弈力。

- ▶ 未来发展：是指需求方为供应方描绘的可预见的未来发展。当企业业务快速增长、未来可期时，供应商更看重未来的发展潜力及未来的增长机会。例如，当年很多供应商加入苹果供应链，正是看重了其未来的发展。

- ▶ 能力提升：需求方可以为供应方提供何种能力的提升？当需求方对供应方提出更高的要求又能为供应方赋能，双方互相协作创新时，对供应方更有影响力。例如，宝马在新能源电池领域，对宁德时代的审厂与赋能，使宝马对宁德时代更具影响力。

- 品牌形象：供应方能够通过为需求方服务，显著提升自身的品牌形象。例如，与知名企业的合作，相当于给供应方做背书，也相当于供应方的成功案例，有助于供应方与其他客户达成合作，这样的需求方对供应方就具有非常大的影响力。

现实利益、未来发展、能力提升、品牌形象是对供应方最具影响力的4个方面，也是企业从利他与价值创造的角度，在供应方管理上不断提升的4个方向。

供应方博弈力，取决于其对需求方而言是否具有稀缺性、替代难度等。具体而言，有以下要素。

- 稀缺性：市场上有多少可靠的供应商？竞争性如何？供应商占有多少市场份额？
- 更换难度：更换供应商的难度如何？新供应商进入的门槛有多高？
- 替代难度：新产品和替代产品进入市场的门槛有多高？
- 专利技术：供应商产品是否受专利保护？供应商的技术是否具有独特性？
- 政策垄断：是否因政策保护而实现垄断？
- 品牌影响：是否因民族、情感、认同等原因，消费者强烈支持某品牌？

▶ 供不应求：是否因突发事件导致供需失衡，出现供不应求的情况？

从供应方博弈力与需求方博弈力两个维度，可以将供应商分为四类：双方博弈力都强，门当户对，强强联手，则为战略类，应和供应商打造共同利益；供应方博弈力强，需求方博弈力弱，则为瓶颈类，应着手进行关系建设与主动布局；供应方博弈力弱，需求方博弈力也弱，则为日常类，应降低管理成本，减少供应商数量；如果需求方博弈力强，供应方博弈力弱，则为杠杆类，应充分利用供应商之间的相互竞争。博弈力分类模型如图2-1所示。

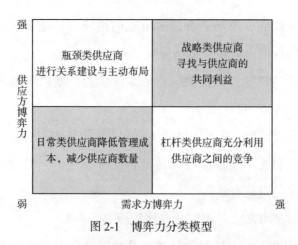

图2-1　博弈力分类模型

注意：需求方为增强自身的博弈力，削弱供应方的博弈力，会有意识地培养供应方的竞争对手，以形成竞争格局。而供应方为增强自身的博弈力，会去并购或打击竞争对手，从而实现某种程度的市场垄断。

2. 按风险与采购金额分类

按供需双方的博弈力分类是本质，但存在主观判断。除非供需双方是头部，否则在绝大多数情况下，很难给出一个让各部门都认可的量化数值。企业从可量化的角度出发，有了按风险与采购金额维度分类的方法。

风险维度：按照风险的维度进行 ABC 分类。除了按供应方博弈力（供应风险），还要加上采购物资的质量对企业影响程度（＝严重度 × 发生概率），将物资从 0～10 赋值，0 为风险最低，10 为风险最高。其中 $0 \leqslant X < 3$ 属于低风险物资，定义为 C 类，是成本导向；$3 \leqslant X \leqslant 6$ 属于中风险物资，定义为 B 类，既是成本导向也是质量导向；$6 < X \leqslant 10$ 属于高风险物资，定义为 A 类，是质量导向。风险维度 ABC 分类如表 2-2 所示。

表 2-2 风险维度 ABC 分类

数值	风险等级	分类	策略
$0 \leqslant X < 3$	低风险	C 类	成本导向
$3 \leqslant X \leqslant 6$	中风险	B 类	成本导向 + 质量导向
$6 < X \leqslant 10$	高风险	A 类	质量导向

C 类物资属于低风险，是成本导向。通常把提供这类物资的供应商视为低成本的生产车间，以获取成本优势，只要它们能生产出合格产品，不用对其管理能力或质量体系提过多要求，所以 C 类物资可以使用作坊式供应商；供应商的国产化替代也应该优先从 C 类物资开始。A 类物资属于高风险，是质量导向，走严格的准入审核流程，不可以使用作坊式供应商；对 A 类物资一定要保持谨慎并进行严格的质量验证，因为 A 类物资一旦出现质量问题，就是大问题，很有可能将成本节约带来的成果化为乌有。B 类物资的风险在 A 类与 C 类之间，走质量与成本均衡导向，要求没有 A 类高，但比 C 类严格，例如，一个病人要做心脏搭桥手术，风险极大，属于 A 类物资，质量优先，所以选择经验丰富的医生。但是如果只是购买维生素等 C 类物资，则可以不用那么谨慎。

采购金额维度：按照采购金额维度进行 ABC 分类。A 类品项数占比 10%，但采购金额支出占比 60%～70%；B 类品项数占比 20%，采购金额支出占比约 20%；C 类品项数占比 70%，但采购金额支出占比 10%～20%。采购金额维度 ABC 分类如图 2-2 所示。

从风险与采购金额两个维度，分为以下四个类别。

战略型建立伙伴关系；瓶颈型保障供应；日常型精简流

程和降低管理成本；杠杆型价低者得。风险与采购金额的供应商分类如图2-3所示。

品项数占比	类别	采购金额占比
10%	A	60%～70%
20%		
	B	20%
70%	C	10%～20%

图 2-2　采购金额维度 ABC 分类

图 2-3　风险与采购金额的供应商分类

瓶颈型经国产化可变成战略型，对战略型供应商持续开发，就可以变成杠杆型。而日常型经过供应商数量的整合与集中采购，就可以变成杠杆型。总之，企业应尽一切努力将供应商拉入杠杆型象限中。

3. 分类方法的实践

在具体应用上，可以用 Excel 表格来进行量化，用气泡大小表示采购金额，用位置高低表示风险水平，就得到基于品类的矩阵气泡图。卡拉杰克矩阵供应商分类气泡图如图 2-4 所示。

气泡图的制作过程：在 Excel 表中，选中"采购金额"和"风险水平"两列，点击"插入"，选择"气泡图"。选中生成的气泡图，点击"选择数据"+"编辑"，X 轴系列值选择"采购金额"一列，Y 轴系列值选择"风险水平"一列，系列气泡大小选择"采购金额"一列。再选中横纵坐标值，修改最大最小值。通过这些步骤，一个基本的气泡图就完成了。

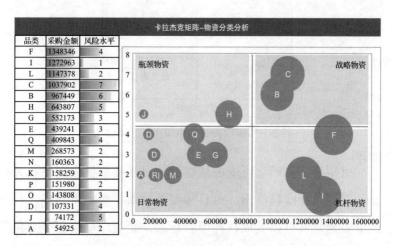

图 2-4 卡拉杰克矩阵供应商分类气泡图

某500强企业进行国产化工作,为了确定国产化品类的优先级,一个维度是降本金额,另一个维度选择的是可行性。降本金额越高,国产化可行性就越低;降本金额越低,可行性就越高。此外,图中用不同颜色表示进度,灰色表示已完成,白色表示进行中,黑色表示未启动或暂停。一张图就能让管理层、团队看明白,该图的表现形式值得推荐。国产化品类优先级分布图如图2-5所示。

2.3 供应商盘点:四大支柱

将品类分成战略品类、杠杆品类、瓶颈品类、日常品类后,供应商资源池就形成了四大支柱。对四大支柱内的品类进行盘点,可以产出更有针对性的供应商管理策略及供应商开发计划。供应商盘点的四大支柱如图2-6所示。

盘点时,可以依次问以下4个问题。

(1)供应商数量多还是少?这是解决"够不够"的问题。

(2)目前供应商的绩效如何?这是解决"好不好"的问题。

(3)目前与供应商的关系如何?这是解决"铁不铁"的问题。

(4)与竞争对手相比,价值创造如何?这是解决"赢不赢"的问题。

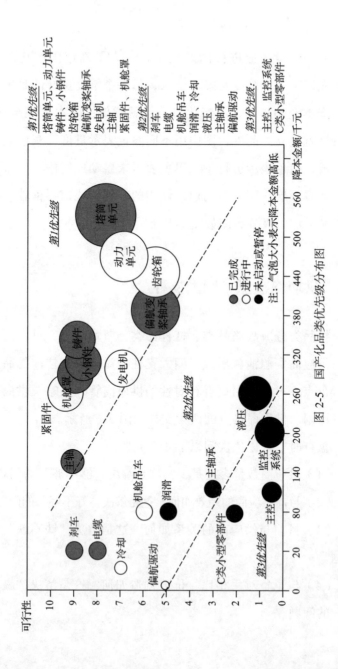

图 2-5 国产化品类优先级分布图

第2章 如何规划有竞争优势的供应商资源池 57

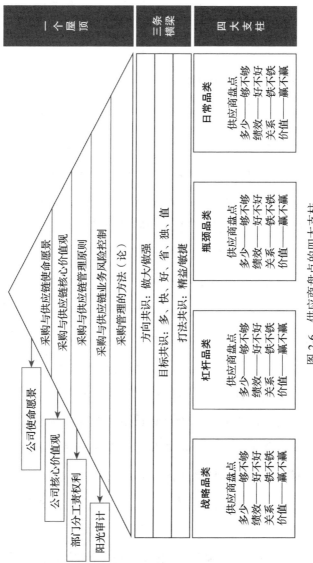

图 2-6 供应商盘点的四大支柱

此外，四大支柱的品类管理侧重点会有所不同。战略类与瓶颈类供应商是供应商管理的难点，这里做重点介绍。

2.3.1 战略类供应商盘点

战略类供应商，在关系上像夫妻，属于"你在乎我，我在乎你"的关系，互相依赖，共创价值，长期合作，共同发展。因为要长期合作，所以价值观要相同，因为要共创价值，所以能力要互补且具有一定的发展潜力。供应商最大的担心是前期投入了大量的成本，但成功后客户转向其他供应商，所以供应商更需要名分与承诺。人无信不立，业无信不兴，供应商非常在意战略伙伴关系的名分，在未确定名分之前，供应商会保留实力与建议。在运营上，这类供应商需要信息共享、能力共建、价值共创。

以下是对战略类供应商进行盘点的关键问题。

（1）选择的供应商是否价值观相同，能力互补？

（2）选择的供应商是否具有长期合作的发展潜力？

（3）合作上是否给予战略伙伴名分和承诺，召开战略合作会议时，最高领导层是否出席并承诺？

（4）是否签订长期合作协议、约定合作框架与定价机制，以减少频繁的谈判？

（5）公司高层是否定期会晤沟通，解决双方合作上的问题？

（6）是否与战略供应商资源共享、价值共创、风险共担？

（7）是否让供应商早期介入新产品开发，共同推动产品和技术创新？

（8）是否与供应商开展联合业务计划，共享市场信息、计划信息、库存信息、技术信息等。

（9）是否互相赋能、互促成长，并对供应商进行辅导和培训？

（10）是否简化流程，推行免检，强化质量预防？

战略合作的成功案例——腾讯与京东的战略合作案例

2014年，腾讯放弃自营电商，与京东建立战略合作伙伴关系，双方在电商、金融、云计算等方面开展了深入合作。在电商领域，腾讯为京东提供流量支持，而京东为腾讯提供商品和服务，一举帮助京东成为中国最大的电商平台之一。在金融领域，腾讯与京东联合推出了京东支付、京东金融等金融产品，为用户提供便捷的支付和理财服务。在云计算领域，腾讯云为京东提供云计算服务，京东利用腾讯云的云计算资源，提升了自身的IT能力。腾讯与京东的战略合作，实现了双赢。腾讯获得了更大的流量和用户，京东获得了更大的市场份额和技术支持。

战略合作不成功案例——苹果与高通从战略合作走向对簿公堂

2017年,苹果对高通提起诉讼,指控其滥用市场支配地位并收取不合理的专利许可费,而高通则反诉苹果侵犯自己的专利,要求禁售苹果侵犯其专利的手机。在此之前,苹果是高通最大的客户,两者一直是长期的合作伙伴关系。iPhone 4之前,iPhone的基带由英飞凌独供,高通进入苹果的供应链后,主动提出从iPhone 4S开始,每年给苹果10亿美元独占费,每部手机高通则抽走销售额的5%作为专利授权费。两边一拍即合,开展了战略合作。但随着苹果手机的销量越来越高,单价快速提升,苹果发现自己每年给高通的专利授权费,远远超过高通给自己的独占费。掌舵苹果的库克希望高通大幅度降低专利授权费,但被高通拒绝。于是在iPhone 7时,苹果引入了英特尔,并停掉了高通的专利授权费,彻底和高通撕破了脸。尽管苹果拥有强大的研发能力,但在5G基带芯片的开发上仍困难重重,且很难绕开高通的专利。这场官司最后选择了和解,实际上苹果算是失败的一方,苹果支付给高通至少45亿美元的和解金,并在未来4年中继续使用高通的基带,另外,苹果承认侵犯了高通的专利,每部手机支付给高通9美元的专利授权费。苹果在开发出自己满意的5G基带性能之前,两家公司还要继续合作，但会相互提防。

从上述案例可看出，即使是世界级企业，也应加强与战略供应商之间的高层定期会晤沟通，解决双方合作上的问题，并与战略供应商价值共创、风险共担、长期合作，避免双输局面。

2.3.2 瓶颈类供应商盘点

瓶颈类供应商是供应商管理的重点，也是难点，往往以技术垄断、政策垄断、需求暴涨、产能受限、供不应求为特征。此类供应商在关系上可以卡住我方脖子，属于"我在乎你，而你不在乎我"的关系。往往把瓶颈类供应商当作客户来对待。管理瓶颈类供应商的策略是：破除假瓶颈，主动布局真瓶颈。破除假瓶颈是指破除不是供需关系造成的瓶颈，比如关系户、研发指定。主动布局真瓶颈是指采取主动措施，对真瓶颈进行影响与布局。

以下是对瓶颈类供应商进行盘点的关键问题。

1. 如何对关系户形成的假瓶颈类供应商进行打破

攻略：一些民营企业，老板的亲友创业成为供应商，但后来跟不上公司的发展。这类供应商如何处理？由于历史渊源与复杂的关系，不建议将供应商立即去掉，建议分步骤进行。具体而言，先对供应商进行辅导，然后对该供应商进行绩效评估，并依据数据向公司建议增加备选供应商，以降低供应链断供风险。在形成双供应商竞争格局后，根据绩效评估逐渐减少关系型供应商的订单，直到主动提出停止合作。

2. 如何对研发指定形成的假瓶颈类供应商进行打破

一些供应商意识到研发人员在设计阶段具备隐性指定能力，所以会攻关研发人员，使其在选型时形成品牌或规格上的指定，而研发人员往往以项目周期紧张为由，不给其他品牌或供应商机会。这时供应商变成了独供，形成瓶颈。独供在供应商端显失公平，同时也可能让产品失去成本竞争优势，还可能涉及廉洁风险。所以对研发指定形成的独供必须清理。

攻略：独家供应商研发必须申请，说明独供理由，由总经理签字。同时，关注竞争对手使用供应商的情况，如无特殊理由，在项目结束后，一定要开发备选供应商。对独供每年要进行清理，并引入阳光廉洁的监督机制，以确保公平竞争。

3. 如何对多品种、小批量造成的假瓶颈类供应商进行打破

由于研发设计标准化不足，经常设计出"天下无双"的非标件，供应商不是在开模具，就是在送样的路上，总没有批量订单，到最后供应商绝望到不愿意接你家的业务，要给你家介绍另外的同行。注意，这类内部管理不善导致的瓶颈类供应商，需要的是企业内部做出改变，而不是责备供应商不配合。

攻略：企业应推动标准化工作，建立标通化小组，做物料优选库，实现物料标准化、通用化、模块化。提高单品项采购金额，降低制造复杂度，从而提升对供应商的吸引力。

4. 如何对客户指定的供应商进行打破

客户指定的供应商很难管理，通常客户可能只是推荐了供应商，并未真正指定，也不想后续参与管理，而企业想管又没有权力，指定的供应商于是形成瓶颈。

攻略：向客户书面确认该供应商是指定还是推荐？如果有更合适的供应商，是否可替换？如果确认是指定，则明确谁来管理，是由客户来管理，还是由企业来管理。通常客户是不愿意管理的，于是通过三方协议向客户获取明确管理权，使权、责、利统一。质量按企业检验标准来验收，如出现争议，由客户裁决。如果客户未在指定时间内回复，则视同认同企业标准。

5. 对真瓶颈类供应商，是否主动做了情报工作与关系建设

真瓶颈类供应商，要主动追求而不是被动等待，所以供

应商的情报工作、关键人的关系建设、有效的策略就变得非常关键。

攻略：对真瓶颈类供应商，公司需要成立3～5人专项作战小组进行专项攻关，必须有真瓶颈类供应商的组织架构图、供应商的发展计划、关键人员信息与关键考核绩效指标。要比竞争对手更好地建立与真瓶颈类供应商的关系。例如，疫情期间，芯片成为瓶颈，某家企业供应链部门成立了芯片三人作战小组，在独立的办公室里，三人每天分析供应商的组织架构图和关键人员信息图，并加强与供应商的沟通和拜访，快速拍板，确定了采购策略，当同行们都在缺芯片时，唯独这家企业成功利用瓶颈优势，开足马力，成了大赢家。

6. 对真瓶颈类供应商，是否有机会"借船"

当企业实力不允许，且与真瓶颈类供应商无法谈成好的条件时，这时可以考虑利用人脉，找到该瓶颈类供应商的前几大客户，通过让其大客户帮忙代购，享受大客户的优惠待遇和质量方面的保证。

7. 对真瓶颈类供应商，能否通过投资、合作、自建等方式主动布局

一个行业要有瓶颈，否则这个行业就没有护城河。通过对瓶颈类供应商的主动布局，企业是可以获得长久的竞争优

势的。

一家做柠檬茶的品牌企业，成立之初就对整个产业链进行了分析，并确定了该行业的瓶颈。它们认为，加盟连锁的发展模式会快速实现千店覆盖，而竞争对手也会开始上柠檬单品。但柠檬的产地有限，种植周期又长，所以柠檬就是这个行业里的瓶颈。于是这家企业在创立第一年，就在广西某香水柠檬的地理原产地与当地政府签订协议，持续布局自有柠檬种植园建设，并聘请了农业专家指导农民耕种施肥，以确保香水柠檬的品质。时至今日，这家企业已分别在广西、广东等地拥有上千亩香水柠檬自有种植基地。后期香水柠檬价格猛涨，这些自有种植基地保证了这家企业的成本优势、质量优势和供应链交付优势，从而实现企业的高速发展。

2.3.3 杠杆类供应商盘点

杠杆类供应商采购金额较大，而风险相对较低，属于"你在乎我，而我不在乎你"的关系。采购方强势，可以以成本为导向，适当放开供应商的数量，使用招标、竞价等多种采购方式，让同类供应商进行充分竞争，以获得成本上的优势。

管理杠杆类供应商的核心关键词是"转化＋引发竞争＋

绩效考核",旨在实现企业降本增效。"转化"是指企业有意识地将瓶颈类、日常类,战略类向杠杆类转化。"引发竞争"是指招标竞价前,考虑供应商在数量与关系上是否具有竞争性,防止由于供应商数量长期不变引发供应商之间形成联盟,避免围标串标现象。因此,企业每年都要扩大供应商寻源范围,引入新供应商,激发"鲶鱼效应"。但在合作中,杠杆类供应商数量也不宜过多,以免订单过于分散,造成每家订单都不足的情况,建议尽可能维持1家主供、1家辅供和1家备用的良性竞争格局。"绩效考核"是指为避免供应商低价中标后不尽职履约,对供应商进行必要的考核,并将考核结果与订单分配挂钩,并作为下一年度合作的重要参考。

以下是对杠杆类供应商进行盘点的关键问题。

(1)如何使瓶颈类、日常类、战略类向杠杆类转变?

(2)供应商资源池数量是否具备竞争性?合作供应商是否属良性竞争?

(3)更换供应商后是否有快速复制质量系统的能力?

(4)是否已建立供应商的绩效考核与订单分配挂钩的机制?

2.3.4 日常类供应商盘点

日常类供应商的特点:低支出,质量风险较低,供需双方依赖程度都很低,属于"你不在乎我,我也不在乎你"的关系。核心关键词是整合。在对日常类供应商进行管理时,要绝对避免几块钱的东西也要货比三家,然后开发出一堆零散的供应商,必须认识到,开发这些供应商以及进行询比价所产生的成本,已远远超过了物料本身的价值。

以下是对日常类供应商进行盘点的关键问题。

(1)物料编码可不可以减半,或是不要物料编码?(如办公用品等低值易耗品。)

(2)供应商数量可不可以再精减?(如用平台公司如震坤行、京东或其他大型贸易公司。)

(3)流程可不可以再简化?(如按库存来补货。)

(4)如何向杠杆类供应商转化?(以量换价。)

对日常类供应商不做绩效考核,做了既浪费组织资源,又会导致供应商关系管理(Supplier Relationship Management,SRM)系统混乱。为什么会混乱?是因为日常类供应商所提供的产品简单,几次合格的送货就可能被评为年度优秀供应商,进而淘汰掉战略类供应商。

最后说明一点:供应商关系是随着供需影响力的变化而不断发生变化的,即动态的。当一家企业规模很小、影响力不够时,企业有可能会遇到很多的瓶颈类供应商,而随着企业规模变大,影响力变强,瓶颈类供应商的数量会急剧减少，而杠杆类供应商的数量越来越多。但供应商也在不断变化，所以供应商管理策略每年都要进行审视和调整。

2013年，英伟达给小米做配套，当时英伟达市值90多亿美元，约是小米市值的1/5。英伟达争取双方的战略合作伙伴关系，创始人黄仁勋亲临小米公司年会，为小米站台，黄仁勋用中文大声喊：小米威武、小米威武、小米威武！

但随着AI的发展，英伟达在2024年8月市值突破了3万亿美元，约是小米市值的50倍。黄仁勋还会在米粉汇集的大会上，喊"小米威武"吗？大概率不会。当然，小米也要调整英伟达的地位，从战略类供应商调到瓶颈类供应商，双方合作的历史、友谊是小米主动谈的。

2.3.5　供应商资源池优化与开发计划

对供应商资源池进行以下4个维度的盘点。

（1）数量够不够：数量过多的，淘汰优化，制订供应商淘汰计划；数量不足的，加紧开发，进入供应商开发计划。

（2）绩效好不好：绩效好的，订单比例增加；绩效不好的，制订运营改善计划，改善不了的加入淘汰计划。

（3）关系铁不铁：关系铁的，紧密合作；关系不铁的，制订运营改善计划。

（4）价值赢不赢：价值创造能力强，就开展战略合作，争取更大胜利；价值创造能力弱，就加入供应商发展计划。

通过盘点，对供应商资源池有了更清晰的结构认知，同时再追问以下问题。

（1）目前有哪些管理策略是有效的，需要持续做的？

（2）哪些管理策略是无效的，要停下来的？

（3）哪些管理策略需要改善？

（4）需要开发哪些新的策略？

通过对以上问题的追问，延伸出待办事项：供应商淘汰计划、运营改善计划、供应商发展计划和供应商开发计划。

（1）供应商淘汰计划。

确定淘汰的供应商，加入淘汰计划。需要针对每一个供应商制定淘汰策略和应对措施，将淘汰供应商的负面影响降到最低。

（2）运营改善计划。

绩效差，或者关系不好的供应商，都应该加入供应商运营改善计划中，明确要改善的内容，成功标准要量化到具体的绩效指标的改善上。

（3）供应商发展计划。

供应商发展计划，主要针对的是战略上具备高潜力的供应商，需要投入专门资源，和供应商形成战略合作，聚焦价值创造，打造出领先竞争对手的供应商合作范式。

（4）供应商开发计划。

根据资源池盘点，需要新增的原因如下：

1）数量不够，产能不足，需要新引入。

2）绩效不好，供应商淘汰，需要新引入。

3）关系"不铁"，门不当，户不对，需要新引入。

4）价值创造不赢，原供应商能力和意愿不足，需要新引入。

凡是计划，都应该有风险管理举措。识别潜在的风险和挑战，制定应对措施和应急计划，确保计划的顺利执行并拿到预期成果。开发计划如表2-3所示。

表2-3 开发计划

新增原因	新增数量	成功标准	风险预估	应对措施	关键步骤	负责人	完成时间

对以上所有计划进行汇总，就形成了××公司供应商资源池年度工作规划（见表2-4）。

表 2-4　××公司供应商资源池年度工作规划表

方向共识：			做大		注释：做大/做强，仅可选一个																								
目标共识：			好/省		注释：多、快、好、省、独、值，同时最多选2个，并注意先后顺序																								
打法共识：			精益/敏捷		注释：稳定型产品走精益路线，创新型产品走敏捷路线																								
基础资料						资源池评估				淘汰计划						运营改善计划							发展计划					开发计划		
序号	名称规格	支出占比	供方数量	供方名称	采购金额占比	占供方营收比例	数量多还是少	绩效好不好	合作关系铁不铁	价值创造赢不赢	是/否淘汰	淘汰策略	风险预估	应对措施	负责人	完成时间	改善内容	成功标准	风险预估	应对措施	责任人	完成时间	价值潜力	成功标准	风险预估	应对措施	责任人	完成时间	新增数量	新增原因	成功标准	风险预估	应对措施	关键步骤	负责人	完成时间
一、战略类物资																																			
二、瓶颈类物资																																			
三、杠杆类物资																																			
四、日常类物资																																			

学以致用

【学】请用自己的语言描述本章的要点。

_____

_____

【思】描述自己企业的相关经验与本章对自己的启发。

_____

_____

【用】
准备如何应用？希望看到的成果是什么？

_____

_____

会遇到哪些障碍？

_____

_____

解决障碍有哪些方法、措施、资源?

行动计划:

第 3 章

供应商开发：评估与选择

供应商开发是供应商管理之屋的第 1 层地基（见图 3-1），是开展供应商管理的底气。通过专业的需求分析、精准高效的寻源、严谨的评估和选择，我们能够开发出专业、精准、严谨的供应商。只有源源不断的活水进入，才有条件对供应商体系进行健康的"新陈代谢"。

3.1 供应商开发的 5 个原则与 3 个流程

企业在供应链质量、交付、成本上经历了重重挑战，交了高昂学费后，已越来越重视供应商的开发。为避免个别部门或个人在决策上可能存在的失误或贪腐行为，企业往往要求采购、技术、质量等部门对供应商准入进行联合评审。企

第3章 供应商开发：评估与选择 75

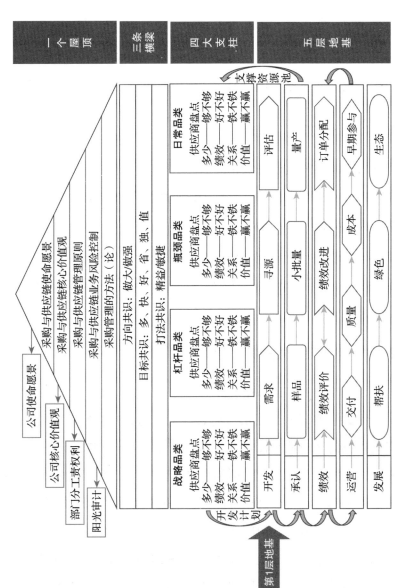

图 3-1 供应商管理之屋的第 1 层地基

业投入了大量成本，但供应商开发的质量提升并不明显，供应商的风险与隐患在准入阶段没有被发现，导致批量供货时问题频发。而企业对供应商的管理措施也以处罚为主，殊不知，羊毛出在羊身上，处罚供应商的成本实际上还是转嫁到自己身上。因为对供应商准入标准、开发流程、审核能力缺乏反思、缺乏复盘改进，相同的问题就一再发生，直到麻木并习惯。你不改进，但竞争对手在不断反思和进步，几年下来，差距就很明显了。

这些问题如何解决？首先，重视供应商开发；其次，重新审视供应商开发的相关原则，明确责任、优化流程、提升能力。

3.1.1 供应商开发的5个原则

（1）原则一：选好比管好更重要。

无数事实证明，在供应商管理上，选好比管好更重要。有些供应商客户从来没管过，却一直表现优异，甚至会引导客户，为客户赋能，这是因为选对了供应商。还有一些供应商让企业操碎了心，企业将时间与精力都耗在对这类供应商的辅导和改进上，但问题依然层出不穷，导致辅导变成了"扶倒"，扶起来，一松手就倒了，其根源在于供应商选错了。曾有人感慨：人与人之间的关系，有时应只筛选不教育，只选择不改变。供应商管理，又何尝不是这样呢？

（2）原则二：我是一切问题的根源，向内求。

凡事向内求，为改进找方法；凡事责备外部，都是在找借口。一些企业当出现供应链问题时，习惯性地将责任推给供应商，对供应商实施罚款或频繁更换供应商。但从不反思，这些供应商实际上是企业自己开发和选择的。不改变企业自身的认知，不改变企业自身的开发流程，不让开发供应商的人员承担相应的责任，结果是不会改变的。所以，供应商管理的重点在于管企业内部，而非管供应商。

笔者曾在日本企业EPSON工作多年，其间，企业没有罚过供应商一分钱。企业倡导"下道工序是上道工序的客户"，要求员工自己要对本岗位负责、别给他人添麻烦。供应商出了问题，企业会派人辅导，辅导后供应商再出问题，责任仍在辅导人员，而不在供应商。正因为有这样严苛的要求，使供应商开发与辅导人员面临巨大压力，但恰恰是这种责任与压力，让供应商开发与辅导人员的专业能力快速提升，企业的供应链管理水平也突飞猛进。

（3）原则三：第一次把事情做对。

第一次把事情做对，总成本最低。在供应商准入上，企业要秉承长期主义：一旦开发，就要与其长期合作，深度协同，共创价值。因此，供应商开发必然极其慎重，对新供应商的引进严格把关，充分考察，实现供应以及质量风险的前置。

（4）原则四：谁开发、谁负责，责任到人。

企业选择与谁合作，是一项重要的决策。对供应商而言合作是一个重大机会。对双方而言，既可能是供应链竞争优势，也可能是风险。所以企业必须在供应商准入上设置管控点。很多企业在供应商准入上采用集体决策，但决策质量取决于评审人员的专业度，而且要解决集体决策、集体不担责任的问题。所以首先要在供应商开发流程中明确规定：谁开发、谁负责。评审小组里有人对质量风险负责，有人对供应商的交付风险负责，有人对供应商其他风险（如财务风险、环保风险）负责，并分别建立风险评估报告。当已合作的供应商绩效不佳，必须回溯其准入过程，对照供应商风险评估报告，查明负责人。企业对评审人员建立档案，记录其资格和评审经历，并挂钩供应商绩效。如果该评审人员开发的供应商的绩效普遍很差，那么该评审人员是不称职的，应该停止其供应商开发评审资格。如果不建立严格的内部问责机制，供应商审核就会沦为"工业旅游"项目——地理位置环境好的供应商大家争着去，环境恶劣的供应商则甩给新人。只有建立内部的问责机制，评审人员才会真正负责，去提升自己的专业力，以匹配审厂的费用及投入。

（5）原则五：复盘改进。

贵企业的供应商评估表，多久没有更新过了？

由于刚开始评审人员能力有限，确实有可能看走眼。但交了学费后，就要从中吸取教训，所以每年都要复盘总结。具体而言，每年要评选十大优秀供应商与十大最差供应商。复盘十大优秀供应商：做对了什么？应该坚持什么？复盘十大最差供应商：管理漏掉了什么？需要改进什么？每次复盘后，都应及时升级供应商开发流程、更新供应商调查表格、更新现场审核问题清单等。

3.1.2 供应商开发的3个流程

供应商开发流程，可以分为以下三步。

（1）需求：对品类供应商进行需求分析，对需求列表进行量化，从而确认供应商准入标准。需求分析是供应商开发的源头，供应商开发工程师要提前识别各部门（比如研发、质量、总经理办公室等）对该品类供应商的需求，并有能力对各部门需求的合理性进行明确，使各部门对需求列表及准入标准达成共识，否则极容易出现已经通过审核的供应商，被其他部门一票否决的情况。

（2）寻源：找到有差异化优势的供应商。寻源的方法与路径决定了供应商开发的质量与成功率。

（3）评估：评估包括供应商调查表与现场评审。供应商调查表是反映供应商合作意愿的晴雨表之一。如果供应商认真填写调查表，则根据情况判断是否要进行现场审核，如果不审核也一定要郑重地告知供应商，为未来留下合作机会。如果供应商对调查表的内容敷衍了事或拒绝填写，说明供应商根本不重视采购方，后续的配合大概率会有问题。现场评审是指去供应商现场审核，以识别供应商风险，确定是否准入。

3.2 需求管理

供应商开发，以何为成功标准？企业选择的供应商不一定是最优秀的，而是更合适的！这时，识别自身的需求就非常重要了。

在北京一家设备企业内训时，一名研发工程师对供应商开发提出了质疑。

研发工程师问："老师，你看我们的供应商开发是不是有问题？我们是家上市公司，结果我们有一个供应商，公司一共就三个人，没有通过任何的认证体系，这合理不合理？"

刚听到这个问题，我的第一反应是不合理，但接着问：

"这个供应商是干什么的?"

研发工程师回答:"设备机架供应商是上海的,机架来料时,偶尔会发现孔漏打了或是一些其他小问题,如果退货会耽误工期,于是开发了本地的这家供应商。这个供应商总共三个人:一个是国企的退休高工,技术好,负责指导。剩下两个是徒弟,负责安装,配合得很好。"

我问:"你们对这类供应商,希望它最理想的样子是怎样的?"

研发工程师说:"最好的供应商的样子是:第一,反应速度要快,随叫随到;第二,技术要过硬,来了就能解决问题;第三,成本要低,不能太贵。"

我接着问:"这个供应商符合这些要求吗?"

研发工程师说:"符合,但是这个供应商没通过认证体系。"

我问:"没有通过认证会影响合作吗?"

研发工程师:"不会。"

我说:"供应商开发,能够满足需求,即是合适的。"

需求分析可以从三个维度得到:一是跨部门需求市场调查,防止供应商开发后被其他部门一票否决;二是关键特性确定供应商核心能力;三是缺陷列表,防止老供应商的问题在新供应商中重复出现。

1. 跨部门需求市场调查

当开发一个新品类时,需要对总经理、研发部、质量部、项目部、物料计划部等部门进行需求调查,并对这些需求进行评审,确定是"必须满足""应该满足",还是"有更好,没有也行"。

这里给大家分享一家企业在新品类开发中的跨部门需求列表,如表3-1所示。

表 3-1 跨部门需求列表

部门	需求	备注
总经理(CEO)	支持未来5年发展,个别产品降本30%	必须满足
研发部	建立优选供应商池及供应商黑名单 新技术的试行	必须满足
质量部	自动化装配 6西格玛 ……	有更好,没有也行
项目部	成本透明,需支持低成本项目 新项目开模周期在4周以内	必须满足
物料计划部	需推行VMI(供应商管理库存)	有更好,没有也行

2. 关键特性确定供应商核心能力

在质量需求上,通过图纸上的关键特性,确定供应商应具备的核心能力。

关键特性指的是产品或服务中对最终性能、安全、法规符合性、顾客满意或功能实现有直接影响的特性。在生产过程中,对关键特性的监控和测量也是质量控制的重要环节,以确保最终产品或服务符合所有关键性能指标。通过该品类的关键特性，确定供应商应具备的核心能力，依据核心能力确定供应商的生产设备要求和检测设备精度，核心能力清单如表 3-2 所示。

表 3-2　核心能力清单

核心能力	生产设备要求	检测设备精度
焊接工艺		
特殊热处理		
表面处理（镀银）		
行业应用经验		
特殊检测（探伤）		
特殊测量设备		
自动化装配		

3. 缺陷列表

老产品曾出现过的缺陷及客户投诉，是宝贵的知识库。在新供应商的开发中，要确保新供应商别犯类似的错误。因此，要把高频出现的缺陷及风险，加到新供应商的评估表格当中，从而不断提升供应商的整体质量水平。

交付方面的需求，是测算未来 3 年的需求量，并减去供应商的可用产能。供应商的可用产能等于供应商瓶颈工序的产出减去已被其他客户订走的量。

通过对以上三个维度的汇总，即可制定供应商需求列表，以下为 ×× 企业 ×× 品类供应商需求列表（见表 3-3）。

表 3-3　××企业××品类供应商需求列表

需求维度	需求内容
质量需求	• 该品类零部件性能会影响并决定产品性能。零部件失效将会导致产品出现严重功能性缺陷，进而严重影响顾客满意度。该品类需要引入有产品售后失效分析能力的联合开发型及功能型供应商，并对联合开发型及功能型供应商在采购量上适当倾斜，以补偿其在这方面的投入 • 为了可持续供应高质量产品，供应商需要有自动化生产（检测）线
供应链需求	• 关注供应合同的落实，根据需要建立安全库存 • 关注供应商产能分配
研发需求	• 淘汰焊接外圈 • 对于后续产品，我司只提供一般条件应用环境，如温度、压力以及周边相关零部件信息，由供应商负责根据此条件进行该品类零部件的设计 • 如有可能，研发将在新一代低端产品上用市场上的通用零件替代现有定制产品，但若项目失败，供应商必须立即更换并重新设计适用的零件
整体需求	• 对于专业机型所需产品的革新（新技术如表面处理技术的应用），应与公司制定的全球领先的定位匹配 • 为了保持公司在市场竞争中的地位，低端产品所需零部件需要具备足够的成本优势。引入低成本国家的供应商，以应对当前联合开发供应商及功能供应商的降本压力。紧密跟踪市场动向 • 风险最小化，与供应商建立长期合作伙伴关系；均衡对供应商的需求，建立品类安全库存，降低波动对供应链库存的影响；对于年需求量大于 50 万件的产品，考虑引入第二供应商

3.3　有效寻源的五大方法

供应商寻源，途径多种多样，可以根据不同场景，选择不同寻源方式。这里推荐在实践中的五大有效方法。

1. 泛行业寻源，即别人也用，则熟人推荐

泛行业的供应商是指供应的产品和行业关联性不大。例如，工作服在银行与餐厅等不同场所均有需求，这类寻源到各种行业的企业中打听就好，像劳保用品、办公用品等就属于泛行业的寻源。最简单的方式是利用熟人关系，特别是本地区的熟人关系。例如，食堂供应商的开发，最简单的方式就是直接咨询几家熟人的现有供应商的使用情况。若多数熟人都推荐同一家供应商，则可考虑直接引入，这种效率是最高的。

2. 行业寻源，即同行在用，可用十字寻源法（也叫标杆分析法）

与本行业高度相关的供应商，需要有一定的行业经验，办事也要靠谱专业。好的供应商不屑于推广，而竞争对手更会对此讳莫如深，所以不能使用百度或阿里巴巴寻源，而最好的寻源方式叫十字寻源法（见图3-2）。十字寻源法先找到标杆企业，定向看标杆企业正在使用的供应商，再看该供应商的竞争对手有哪些，从而获得比较可靠的供应商短名单。

3. 上市公司 IPO 招股说明书，即上市公司在用

如果所处行业中有上市公司，可以到证监会网站找到其

IPO 的招股说明书，里边有大量的信息，包括上市公司的库存周转率、供应链管理策略、主要供应商甚至客户结构。作为一个供应链人，手中都应该有几份 IPO 的招股书，看完招股书之后，采购很可能会比供应商都更了解它的行业，在和供应商谈判时，自然可以如虎添翼。

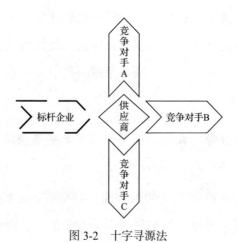

图 3-2　十字寻源法

4. 跨境电商行业的海关数据，即出口在用

海关数据中包含了大量真实的进出口交易记录，包括商品名称、数量、价值、出口国、进口国等信息。通过这些信息，可以找到采购方同类商品的主要供应商和进口商，可以了解市场竞争情况，并选择最佳的供应链合作伙伴。与招股书一样，这些信息无法造假，可以帮助电商企业了解供应商的实际交易情况，确保所选供应商具有真实的供应能力。

5. 人机料法环寻源，即生产在用

在供应商生产过程中，离不开人、机、料、法、环这五大要素。其中，机即设备，当要找的供应商都会购买某种生产设备和检测设备时，就可以沿着设备这条线去寻源，即问设备厂家设备都卖给了哪些客户；料，当供应商必须使用某种原材料时，沿着原材料这条线去寻源，即问原材料厂家原材料都卖给哪些客户了；法，生产产品会涉及某类专利，去查专利，就能找到一批供应商。

当然，供应商寻源还有很多其他方式，比如公司网站、线下展会、行业协会等。寻源的本质是一项情报工作，所以总经理每次在签批合同时，都可以询问采购以下两个问题。

（1）竞争对手选的是哪家供应商？

（2）竞争对手拿到的单价是多少？

3.4 供应商调查

供应商的调查，主要通过以下三种路径。

一是通过问熟人。在供应商所在地或供应商所在行业有熟人，而熟人又很靠谱，这时做背景调查效果最佳，可以很

容易判断供应商的优劣,包括信用与财务风险。

二是通过公开的大数据系统做背景调查。如通过企信宝、天眼查、企查查等app,可以很容易得到供应商在工商行政管理部门的注册信息、股东及股权结构、诉讼、经营风险提示等。

三是通过直接的供应商调查问卷。让供应商填写详细的数据,通过对数据进行分析来判断供应商是否具备去现场审核的价值。

供应商调查问卷的发放方式:可以在官网上留有入口,以便希望合作的供应商自行上传资料入供应商候选库,也可以发给定向的供应商来填写。

供应商调查问卷的设计可参考以下范例,如表3-4所示。

该调查问卷的结构包括基本情况,质量管理,生产计划及物料管理,生产技术、工艺水平及工程能力,环境管理五个方面。

其中,1.2条"厂房自有、租赁(选择)"。如果厂房是自有的,那么说明供应商会长期干下去,而且有成本优势,因为厂房租金可以内部调整。

1.6条,看产品,通过主要产品前年、去年、今年三年的产量,可以在选品时准确选定爆品,这对电商企业购买成品、企业购买产品或服务非常有帮助。例如,针对A、B、C这3类产品列出供应商3年产量数据,如表3-5所示。

表 3-4 供应商调查问卷

供应商调查问卷（基本信息）

填表日期：_____   填表人：_____

供应商名称：_____
地址：_____
电话：_____   传真：_____
电子邮件：_____   网址：_____
厂长（总经理）：_____   业务联系人：_____

1. 基本情况

1.1 公司成立时间_____注册资本_____公司性质_____股东（合伙人）情况（如有）

1.2 工厂占地_____ M^2，建筑面积_____ M^2，厂房自有、租赁（选择）

1.3 员工总数_____人，其中直接生产工人_____人，各类专业技术人员_____人，高级职称_____人，中级职称_____人，初级职称_____人

1.4 工厂（公司）组织架构图如下（或附件）：

1.5 正常工作_____天/周，生产班次_____，各班时间_____，办公时间_____

1.6 主要产品 产量（前年）产量（去年）产量（今年）平均出口比例（%）
_____
_____
_____
_____
_____

1.7 工厂设计产量：现有产量_____

1.8 主要客户 主要产品 年供应量 所占比例（%） 客户证明人 联系方法
（1）_____
（2）_____
（3）_____

（续）

（4）_____
（5）_____
（6）_____
（7）_____

1.9 主要供应商 供应产品（零部件） 年供应量 供应发货周期（天）
_____
_____
_____
_____

2. 质量管理
2.1 质量方针／政策是：
_____
_____
_____

2.2 质量代表及职位：_____
2.3 质量管理体系架构图如下（或附件）：
_____

2.4 是否通过 ISO9000 认证？_____若是，附证书。若否，计划何时？_____是否获其他质量体系认证？_____若是，附证书
2.5 今年的质量目标主要有：_____
2.6 来料检验标准按_____标准执行，主要指标有：_____
2.7 过程质量目标为：_____
2.8 是否用 PPM？_____是否用 SPC？_____
2.9 交货质量执行的标准为：主要缺陷 AQL（或其他_____）_____；次要缺陷 AQL（或其他_____）
2.10 有质量实验室否？_____若有，主要设备检测项目有：
_____

2.11 产品认证通过（　　）CCEE；（　　）UL；（　　）CSA；（　　）DVE；（　　）BSI；其他_____

3. 生产计划及物料管理
3.1 企划部门、生产部门、采购部门、销售部门的关系与架构为（附件）：
_____

（续）

3.2 相关人员数：生产计划_____人，物料管制_____人，客户服务（订单/送货安排）_____人

3.3 接单、安排生产、交货的主要流程或程序为（或附件）：
_____

3.4 交货时间（周期）：打板（样）_____天，第一份订单交货周期_____天，正常业务交货周期_____天，在制品库存_____天

3.5 原材料采购周期_____天，原材料库存_____天。本地原材料采购周期_____天，占_____%。进口原材料采购周期_____天，占_____%

3.6 有否最小生产批量？_____若有，为多少？_____

3.7 可接受的订单变化范围为 ±_____%，确认订单需要时间_____小时（天）

3.8 有否采用 MRP 或 EBP 等系统？若有，列出名称及应用范围：
_____

4. 生产技术、工艺水平及工程能力

4.1 开发、工程（工艺）部门的功能、架构为（或附件）：
_____

4.2 有否供应商参与产品或工艺开发，如何参与？
_____

4.3 主要设计软件及功能：_____

4.4 主要生产设备（或附件）：
_____

4.5 设备利用率_____，设备故障率_____，生产效率_____

4.6 模具制造维修主要设备设施有：_____

4.7 技术人员年流失率_____%，职员年流失率_____%，工人年流失率_____%

5. 环境管理

5.1 环境方针/政策有否？_____如有，请大略列出关键点：
_____

5.2 环境管理者代表有否？_____若有，系何人？_____

5.3 是否通过 ISO14001 认证？_____若有，附证书。若无，计划何时？__
_____

(续)

5.4 今年的主要环境管理目标原因素为：_____
5.5 公司/工厂的产品设计/工厂建设有否进行环境影响评估？_____ 若有，简单介绍：_____
5.6 生产的产品或工艺过程是否含有或使用重金属，如有，含量多少？如何控制？_____
5.7 公司生产的产品交货及生产过程中包装材料是否循环使用？如何使用？_____
以上信息请务必如实填写，并将 PDF 格式发至：_____ 综合该供应商的基本情况调查，初步意见为： （　）优秀（　）良好（　）一般（　）差 对该供应商评审认可的工作安排建议：（　）继续（　）停止 下一步计划：_____ 评审人：_____ 日期：_____ 核定人：_____ 品保经理：_____ 技术经理：_____ 采购经理：_____

表 3-5　供应商 3 年产量数据表

产品	前年产量	去年产量	今年产量
A	500	1200	2500
B	1000	500	100
C	400	600	500

通过分析供应商 3 年产量数据，可以发现 B 系列产品从三年前的 1000 万，去年的 500 万，到今年的 100 万，表明该产品没有竞争优势，且销售额在持续下降，该产品不建议开发。A 系列产品则很有优势，且研发的早期投入、模具费用已被摊平，该产品建议开发。

1.8 条，看客户，需要调查供应商的前 7 大客户，了解供应商目前在给哪些客户供货，供货金额是多少，旨在判断采购方能否成为供应商的前 7 大客户。只有采购方进入前 7 位，才可以跟供应商谈战略合作，如果采购方无法进入前7位，则说明采购方对供应商形成不了太大的影响力。如果供应商直接以商业机密为由拒绝提供信息，则已说明采购方对供应商没有影响力。

1.9条，看供应商的供应商，如果供应商的二级供应商都是一流的，则说明供应商对自身要求很高，如果供应商的二级供应商都是三流的，则该供应商很可能属于四流供应商。可以通过给供应商的二级供应商打电话或询问其付款情况，侧面了解供应商的资金流情况与可能的财务风险。

2.条，质量管理，包括供应商质量管理体系架构图、检验标准、质量目标、是否有实验室等。供应商在填写调查问卷后，现场审核时，该表的内容不需要重复询问。

应提前向供应商声明，调查问卷必须如实填写，如有资料弄虚作假或重大误导，则采购方有权利随时终止合作。通过调查问卷，摸清供应商家底，将现场审核的一些问题前置，并留存在档案中。

通过调查问卷评审后的供应商，有80%的把握会成功导入的，才可安排团队进行现场审核。

3.5　供应商现场审核

选择供应商就像选择人生伴侣，婚前需要慎之又慎，充分考察，评估未来相处中可能出现的风险，并判断这些风险是否可以改变或控制。如果匆忙结婚，再离婚，对于双方都是很大的伤害。供应商现场审核，相当于到对象家里进行全面了解与风险评估。通过严谨的审核，不仅可以降低合作风险，提高合作质量，也能够得到供应商的认同与尊重。

当前，供应商现场审核似乎更重形式，有演变成工业旅游的趋势：客户的联合审核小组拿着一份看似专业但缺乏逻辑的审核表进行打分，提出一些无关痛痒的问题，经整改后，供应商顺利通过审核，取得供货入场券。后期供应商的风险与隐患在批量供货中爆发，造成很大的损失。但因为是联合审厂，对内，无人追究为什么选错了供应商，只说当时情况特殊，比如项目紧急、行业经验不足、曾提出过反对或保留意见但没有被采纳等。对外，则齐声声讨供应商，并责令采购部门对供应商进行处罚。罚完之后再和供应商继续将就着合作。

联合审核小组应对供应商后续合作的风险负责，所以必须对供应商现场审核过程进行有效的管理与改进。

3.5.1 供应商现场审核的五大目标

审核是否应对所有供应商全覆盖？答案是企业资源有限，没必要全覆盖，企业要建立"免审核品类与免审核供应商清单"与审核计划优先级。

哪些供应商可以免审？瓶颈类供应商与日常类供应商可以免审。瓶颈类供应商由于市场的稀缺性和地位超然性，即使有风险，企业也无法替换，所以免审。日常类供应商提供的产品风险较低，与企业之间只是简单的买卖关系，影响小，仅需要简单评估资质即可，不需要开展现场审核。

哪些供应商必须审？首先，战略类供应商是企业长期合作的重要伙伴，其提供的产品或服务对企业的发展和竞争力具有重大影响，应优先审、重点审。其次，杠杆类供应商的产品或服务对企业成本有显著影响，尽管企业有一定的选择空间，但仍需确保这些供应商的可靠性。在完成战略类供应商的审核后，企业应按风险等级推进对杠杆类供应商的现场审核，确保其在质量、交付和成本上的可靠性。

在对供应商现场审核时，评审小组要有目标意识，即供应商现场审核要达成以下五大目标。

（1）传递组织关注焦点。

通过现场审核，向供应商传递企业的核心关注点和要求。如果企业特别重视质量，那么供应商就会知道未来合作时的重点。如果企业重视阳光化，那么企业要在现场审核时向供应商宣传贯彻。

（2）考察供应商的优势。

现场审核可以让采购方全面了解供应商的优势。这涉及供应商的技术能力、生产资源、管理方法等。通过考察可以找到未来的增值点，甚至可以在未来的合作中实现资源共享、管理共建、互学互鉴，共同提升。

（3）评估供应商的风险与短板。

通过现场审核，识别供应商的风险和短板。供应商的质量风险与交付风险是重点。此外，供应商的财务风险、环保风险、社会责任等方面的风险都会影响到采购方。另外，对供应商要用其长处，识别短板，做好预案。对供应商的价值观与软实力也要摸底，以确保供应链的可持续发展。

（4）输出风险评估报告。

根据现场审核的结果，形成详细的风险评估报告。这份报告不仅仅是为了记录，更是为采购方的决策提供依据。通过报告，可以倒逼评审人员提升专业能力，识别供应商的风险，并决定是否继续合作或采取何种风险管理措施。

（5）明确后续管理措施。

根据审核发现的问题，制定相应的管理措施，包括要求供应商改进某些风险项或短板项、质量人员对供应商质量的管理措施、采购人员对该供应商交付与成本上的重点管理措施，从而确保供应商在合作过程中风险可控，并实现持续改进。

3.5.2 评审人员管理

供应商审核结果的准确性，取决于专业的评审人员。如果评审人员专业能力不足或责任心缺失，就会导致审核形同虚设。我们经常说的供应商良莠不齐，根本原因是评审人员专业能力的良莠不齐。所以有必要对评审人员进行管理，包括建立评审人员档案，记录其资格、所评审的供应商及该供应商的绩效，以实现闭环管理。

对评审人员需要有一定的素质要求。例如，国内某知名通讯公司为保证供应商评审工作质量，对评审人员提出以下素质要求，经过资格认定后方能参与评审。

1. 学历要求：大专以上。
2. 专业知识要求具备以下三点：
（1）了解基本产品构造和产品制造工艺。
（2）熟悉质量管理标准。
（3）了解企业管理基本知识。
3. 经历要求具备以下四点之一：
（1）从事过产品设计3年以上。
（2）从事过产品制造工艺设计或管理3年以上。
（3）从事过产品质量管理4年以上。
（4）从事过产品质量检查4年以上。

4. 公司可根据自身情况对项目进行增加或调整。

而国内某知名食品企业，其供应商引入质量评审员能力模型，结构更系统、内容更有针对性，值得借鉴。质量评审员岗位职责与KPI（关键绩效指标）（见表3-6）和质量评审员岗位关键要求（见表3-7）如下。

表3-6　质量评审员岗位职责与KPI

岗位描述	岗位职责	
	序号	职责内容
	1	担任现场评审组专家（组长），组织现场评审的分工和工厂协调沟通
	2	组织评审小组实施对供应商的现场评审，承担质量模块的审核
	3	收集并组织讨论评审组审核意见，评估风险，形成现场评审结论
	KPI	
	序号	指标名称
	1	新厂引入一年内的重大品质事故
	业务特性与挑战	
	序号	业务特性与挑战
	1	现有供应商管理水平存在结构性问题，上新产品现有供应商无法承接，需要不断寻源引入优质供应商，以满足业务需求及供应商结构调优需求
	2	新供应商引入现场评审专家组形式，未有运行先例，需要审核组长具有较强的识别风险的专业能力
知识要求	1	熟悉ISO9000（质量体系）、ISO22000（食品安全管理体系）或FSSC22000/BRC（食品安全体系）的相关要求
	2	熟悉并能独立正确理解食品质量安全相关法律法规及标准
	3	熟悉食品行业发生的主要食品安全事件及掺假欺诈信息

表 3-7 质量评审员岗位关键要求

	关键能力要求（领导力/通用素质）	
	能力项	能力描述
岗位要求	审核策划	作为现场评审组组长，能够合理有效组织审核员及受审工厂在规定时间内完成审核任务
	审核实施	结合受审部门的职责及法律法规和标准的要求，优先关注重点问题并保证抽样充分性和审核深度，发现潜在食品质量及安全风险
	审核方法及技巧	根据审核内容的不同选择适宜的面谈、倾听、观察和对文件、记录及数据的评审方式来收集信息，并能较好地控制沟通过程的气氛，确保信息充分、客观、可追溯、可验证
	形成确认审核结论	既客观公正又灵活务实地形成符合、不符合及改进的审核结论；证据确凿、事实清楚、判定准确，并得到受审核方的现场确认；对出现的分歧和不确定性内容进行有效追踪并最终确认；依据审核组交流信息，准确判定食品安全管理体系的适宜性、充分性和有效性
	专业技能	能理解食品安全管理体系的关键要素，熟悉受审核方涉及的法律法规和标准；熟悉受审核方的产品在形成过程中危害被引入的途径；根据危害严重性和可能性评估风险
	有效沟通	清晰、友善、准确地与受审核方沟通，提出问题或索取相关证据；给予对方适当的表述或澄清时间，并善于倾听；与审核组内部成员保持良好沟通
	关键经验要求	
	经验类型	经验描述
	工厂品类工作经验	具有该产品品类企业生产、品质相关工作经验至少3年，熟悉产品加工工艺
	审核经验	具有按照审核标准组织并能独立审核工厂并出具符合要求报告的经验至少3年
	关键个性特质要求（聚焦个性助力、阻力）	
	个性特质项	特质描述
	洞察力	习惯透过现象分析事物的本质，避免浮于表面
	理性	基于对客观事实的分析和思考做出理性判断，重视逻辑、公正、公平
	影响力	喜欢推销自己的观点，愿意对他人施加影响，用令人信服的观点说服他人
	责任感	主动承担个人责任，尽职尽责地完成分内分外的工作

评审新人应以观察员的身份参与评审，通过考试后才能成为正式合格的评审员。评审员的绩效应与所开发的供应商绩效挂钩，如果该评审员开发的供应商的绩效都很差，那么该评审员的资格应该被取消。当然，如果该评审员开发的供应商的绩效都很优秀，那么企业也应该给予该评审员相应的激励。

3.6 审核标准设计

3.6.1 如何设计供应商审核表

因为企业所处行业、规模、发展战略与目标不同，面对的问题与挑战也不同，所以理论上没有哪两家的审核表是相同的，甚至今年的审核表与去年的审核表都应该是不同的。如同模特身上好看的衣服不一定适合农民种地，所以供应商审核表不能照搬，但有一些基本的逻辑和结构可以参考。

1. 基于零缺陷的供应商质量审核表设计

基于零缺陷的供应商质量审核表，针对的是对质量、安全要求高的行业，它们往往以零缺陷为目标，要求供应商建立以预防为主的质量管理体系。基于零缺陷的供应商质量审核表设计往往包括以下模块。

（1）管理。

（2）组织和设备。

（3）质量计划。

（4）文件控制。

（5）物料采购。

（6）统计方法。

（7）量具控制。

（8）材料控制。

（9）程序控制。

（10）成品检验。

（11）客户满意。

（12）持续改进。

这里提供一份标杆企业的供应商零缺陷品质系统评分标准，如表3-8所示。

表3-8 供应商零缺陷品质系统评分标准

1.管理（每项1分，共10分）
1.1 对于零缺陷观念的实施，是否已提出承诺，并确实地融入实际的预防性品质体系中，鼓励继续改善品质？
审核时应考虑：
• 公司运营目标已建立，并着重于改进产品、过程和体系，该目标应与实际相符合；执行计划应包括行动、时间表及负责人，高级管理层应对该计划实施情况进行定期审核/检查 • 已对员工进行全面质量培训 • 有内部审核计划并已实施过内审 • 关键的质量成绩被跟踪以确保持续改进；长期目标是零缺陷

(续)

- 来自管理层的文件化的质量方针已向全部员工公布
- 厂务管理水平(走廊清洁,地板清洁,空旷地方物品堆放整齐,工作流程有序并安全)

评分标准:	
0	没有证据显示供应商已真实承诺来发展零缺陷的观念,供应商目前所使用的品质系统为检验形态的系统,因此对其质量成绩(PPM⊖)是存疑的
1~2	没有证据显示供应商已真实承诺来发展零缺陷的观念,供应商目前所使用的品质系统为检验形态的系统,其质量成绩(PPM)似乎有些成效
3~4	供应商已口头上承诺将发展零缺陷的观念,并且有证据显示供应商相关的品质过程与持续改善要素已开始实行,其目前质量成绩(PPM)良好。属于一般性的厂务管理水平
5~6	有不少证据显示供应商相关的品质过程与持续改善要素已被实行,并已反映出质量方针中追求零缺陷的承诺。其目前质量成绩(PPM)良好,正式的内部审核系统已存在,并已开始实施。属于一般性的厂务管理水平
7~8	有很多可量化的证据显示供应商相关的品质过程与持续改善要素已被实行,并已反映出质量方针中追求零缺陷的承诺。改善已通过一些质量参数文件化表达出来,并且公司的文化也通过全面质量管理的观念体现。其目前质量成绩(PPM)非常好,已正式实施内部审核系统,但审核文件与相关的改善成果还有需要改善的地方。属于良好的厂务管理水平
9~10	对于所有的品质程序,供应商已持续地实施一个广泛且详细的改善计划,并且主要的改善已反映出质量方针中追求零缺陷的承诺。改善已通过一些质量参数文件化表达出来,并且公司的文化也通过全面质量管理的观念体现。公司管理阶层乐于接受新的观念与技术。其目前的质量成绩(PPM)很卓越,正式的、有计划的内部审核系统已被实施,每年至少进行一次审核,相关文件被留存,并评估其改善成效。属于优越的厂务管理水平

⊖ PPM 全拼是 Parts Per Million,意思是百万分之一。在质量管理中,PPM通常被用来衡量每 100 万个产品中的不良率。

(续)

2. 组织和设备（每项3分，共9分）

2.1 品质管理的职责是否已在整个组织中被清楚规定？

审核时应考虑：

- 组织机构图存在，并通过版本受控
- 工作职责已被建立、审核并通过版本受控
- 目标已经确定并被追踪

评分标准：

0	品质责任没有被定义
1	品质责任已大概被定义，但缺少正式化及目标的制定和审核
2	品质责任已被正式定义于作业程序或品质过程图中。但缺乏目标的制定和审核
3	品质责任已被正式定义于作业程序或品质过程图中。目标已经制定并被正式审核

2.2 是否有专职的品质管理组织与功能？

审核时应考虑：

- 组织机构中显示品质管理组织是独立的
- 品质管理组织包括重预防性技术的专业工程人员

评分标准：

0	没有品质管理功能
1	兼职或品质管理功能不足
2	有专业的部门进行品质管理但人力不足
3	有足够的品质管理功能

2.3 是否有足够的设备，如度量、金相分析、可靠度测试等仪器，来预防并解决问题？

审核时应考虑：

- 设备被用来对产品的评估及生产过程进行监视
- 测试时间表存在
- 测试结果与客户的要求相关
- 已进行韦伯曲线分析

评分标准：

0	没有测试设备
1	测试设备不能满足要求

(续)

2	有足够的设备,但一些地方仍需改进和文件化
3	有足够的地方、设备、测试作业程序书与资源,测试记录是被保存并被用来改善产品品质的

3. 质量计划(每项 4 分,共 36 分)

3.1 是否有质量手册表明公司的质量方针、目标,并已勾画出了预防性的质量系统?

审核时应考虑:
- 质量手册符合 ISO9000 的要求
- 现行使用的质量手册是通过版本并受控的

评分标准:

0	没有质量手册
1	质量手册尚处于计划编写阶段,但质量程序已被使用
2	质量手册已完成,但偏重于检验方法
3	质量手册已完成,但内容缺少一些预防性的系统
4	质量手册内容广泛并包括高级的质量改善方法,已清楚定义了公司的目标及预防性的理念

3.2 所有新员工是否被告知公司的质量方针、目标及公司的品质期望?

审核时应考虑:
- 员工培训情况被定期检查和更新
- 培训的效果被管理层评估

评分标准:

0	没有和新员工进行正式的会谈
1	有时会和新员工进行非正式的口头会谈
2	在录用的时候和所有的新员工进行口头会谈,目前正开发一个正式的培训计划
3	正式的培训计划存在并强调品质方面
4	正式的培训计划存在,并提供足够的教材给新员工或利用录影来训练员工

3.3 是否有持续不断的员工培训计划?如全面质量管理、安全、解决问题、根本原因的分析、和人相处技巧等。

审核时应考虑:
- 培训计划每年被更新以确保与公司质量改进战略相适应

（续）

- 相关的培训记录被保存以确保持续改进
- 培训效果被管理层评估
- 年度培训预算的证明
- 是否有稳定的生产力，如新员工所占的比例

评分标准：

0	没有质量培训计划
1	质量培训计划尚处于计划阶段中
2	提供员工非正式的培训
3	正式的培训计划存在，但没有连续性
4	提供所有员工广泛与连续性的培训，并全面评估培训的效果

3.4 对于新产品的评估是否和客户进行讨论？须包括可生产性和一些参数的重要度等。

审核时应考虑：

- 文件化的新产品审核程序存在，并在使用前已被正式批准
- 关键的设计特性和过程参数被确定
- 过程能力问题被解决
- 通过购买竞争者的产品来分析，并在适当的地方用来作为参考

评分标准：

0	没有任何新产品评估
1	非正式的新产品评估被运用于一些顾客
2	非正式的新产品评估被运用于所有顾客
3	供应商依据新产品评估作业程序进行新产品的评估
4	供应商依据新产品评估作业程序进行新产品的评估，证据显示QFD⊖技术已被运用

3.5 对于新产品是否有质量控制计划，包括关键参数的控制、统计方法运用的要求及所需量具的制造等？

审核时应考虑：

- 质量控制计划包括所有必要的质量行动以确保产品能达到规定的要求
- 应包括所有涉及的质量控制计划，例如，进料检验、过程控制、成品检验等
- 质量控制计划应反映客户的需求，并应确定相关特性参数的等级

⊖ QFD 全拼是 Quality Function Deployment，意思是质量功能展开。

(续)

评分标准:	
0	没有质量控制计划
1	正在开发质量控制计划作业程序
2	已对新产品开发了质量控制计划,并已被执行,但缺乏数理统计方面的要求
3	已对新产品开发了内容全面的质量控制计划,并已被执行
4	已对所有新产品开发了内容全面的质量控制计划,并已被执行,并且包括使用足够的工序卡片和工艺流程图

3.6 FMEA[⊖] 技术是否被运用于开发新产品的质量计划中?

审核时应考虑:
- 存在正式的程序
- 已经完成的 FMEA 及有采取适当措施的证据
- 能够确保使用者易于查阅和更新的 FMEA 数据库存在
- 当失败的情况发生时,能及时验证和更新质量计划

评分标准:	
0	没有运用 FMEA,没有失效历史记录
1	正计划运用 FMEA,有失效历史记录存在,但没有评估
2	FMEA 已被非正式运用,非正式的失效历史记录已被评估,并计划运用正式的 FMEA
3	有证据表明 FMEA 已被正式使用,并普遍运用于开发新产品的质量计划中。正式的失效历史记录已被评估,并普遍运用于开发新产品的质量计划中
4	文件显示 FMEA 已被正式运用于开发新产品的质量计划中

3.7 是否有 3～5 年(短期与长期)品质改善策略计划?(改善的过程是质量管理系统从检验为主到质量预防为主的过程。)

审核时应考虑:
- 用来作为持续改进质量的计划应包括特定的行动、时间表及责任人
- 计划应与所有的商务战略相联系

评分标准:	
0	没有正式的品质改善计划

⊖ FMEA 全拼是 Failure Mode and Effects Analysis,意思是失效模式与影响分析。

（续）

1	品质改善计划尚处于计划中
2	短期的品质改善计划存在，正在开发长期计划
3	内容广泛的长期品质改善计划存在，并包括明确的行动与时间表，计划执行才刚刚开始
4	内容广泛的品质改善计划存在并有可量化的执行结果，此计划已被定期评估与更新，以确保持续的改善

3.8 质量体系是否包含通知顾客有关技术更改或当原料、程序或产品背离标准时的整改程序。

审核时应考虑：
- 有书面的程序已指出由谁、何时以及如何通知顾客有关技术更改
- 供应商如何将这些程序融入顾客的程序和系统中

评分标准：

0	没有程序存在
1	存在非正式的程序，但没有被所有相关人执行
2	供应商遵循技术更改程序，但技术更改没有得到顾客的允许，且和顾客的交流是在技术更改以后
3	供应商遵循技术更改程序，这些技术更改大多数已与顾客交流并得到顾客的允许
4	供应商遵循技术更改程序，且与××（企业）的程序融合，这些技术更改都已与顾客交流并得到顾客的允许，并且在执行程序前修订了产品的质量计划。供应商指派专人负责在整个更改程序中与顾客进行交流

3.9 是否有一纠正措施系统来针对内部不一致情况和外部问题？

审核时应考虑：
- 文件程序指出纠正措施系统应该包括问题的鉴别、根本原因分析、解决问题的计划、分解计划以及计划的执行
- 怎样执行纠正措施计划和由谁来负责

评分标准：

0	没有程序存在
1	使用非正式的程序来调查问题和解决问题
2	有正式的书面程序存在，以调查不合格产品，且部分纠正措施被执行，但整个体系没有成效

（续）

3	有正式的书面程序存在,以调查不合格产品,纠正措施被执行,根本原因的消除是来源于计划的执行
4	有正式的书面程序存在,以调查不合格产品,纠正措施被执行,根本原因的消除是来源于计划的执行并且对纠正措施的执行进行验证以防止再现

4. 文件控制（每项 5 分,共 15 分）

4.1 是否有一闭路文件控制系统以确定目前所用的是最新的图纸、资料及质量计划?

审核时应考虑:

- 闭路文件控制系统覆盖了所有与质量有关的要素,如图纸、规格、测试计划、质量计划、FMEA、程序及其他相关的文件、记录或档案
- 存在用来评估系统的有效性及与程序的符合性的内部审核程序
- 闭路文件控制系统包括一个正式的被各部门签名以确认收到或批准的修订方法
- 跟踪 3～5 张图纸号码来确认系统的有效性

评分标准:

0	没有文件控制系统
1	非正式的文件控制系统被运用
2	正式的文件控制系统被运用,但证据表明其效果有限
3	正式的文件控制系统被运用,但没有闭环并且没有包含所有相关文件
4	正式的闭路文件控制系统被运用,并包含所有相关文件
5	正式的电子化的闭路文件控制系统被运用,且相关的工作站可利用此系统以了解和其职责相关的文件

4.2 对于所有设计变更的资料是否保存,并记录实施日期?

审核时应考虑:

- 存在一个主文件的控制、保管和分发部门的记录,且有修改及完成日期的详细记录

评分标准:

0	没有记录留存
1	记录是非正式的、零散的
2	正式的记录被保存但不完整
3	记录的某些项目及功能是完整的,但某些部分是不完整的
4	所有的记录是完整的并被保存

（续）

| 5 | 所有的记录被保存于电子系统中，相关的工作站可以很容易地到此系统中了解相关资料 |

4.3 是否有一系统以控制并确定过时或作废的图纸及资料被丢弃不用？

审核时应考虑：
- 系统应覆盖所有的文件并包括被授权责任人的签名

评分标准：

0	没有系统存在
1	存在非正式系统
2	存在正式系统，但没被执行
3	正式系统被运用，但没有包含所有相关的文件或功能
4	正式系统被运用，并包含所有相关的文件或功能，此系统处于有效的运用中
5	记录被保存于电子系统中，相关的工作站可以很容易地到此系统中了解相关资料

5. 物料采购（每项4分，共16分）

5.1 是否有供应商品质保证计划？以评估、开发、改善供应商的品质。

审核时应考虑：
- 存在用来评估供应商质量表现的系统，并已正式通知了供应商
- 存在用来考核和对供应商分等级的系统，并且采购决定取决于考核的分数
- 在必要的时候对供应商进行培训并提供技术支持
- 供应商的数据通过历史趋势被跟踪，跟踪的数据被用来确保制定纠正措施和持续改进。供应商成绩与考核及进料检验的数据相联系

评分标准：

0	没有任何供应商品质保证的活动
1	供应商品质保证尚处于计划阶段
2	有现行的供应商品质保证的活动
3	供应商品质保证计划已被开发并运用于一些供应商
4	供应商品质保证计划已被开发并运用于所有供应商，文件显示采购的物料品质已有改善

5.2 是否有进料检验功能以确保进料的品质？

审核时应考虑：
- 工序能力数据被用来减少检验数量

(续)

- 已验证合格证,并定期对产品进行审核来验证合格证的真实性
- 通过生产过程中的不良情况来监督进料检验的有效性
- 是否有合格供应商的明细清单

评分标准:

0	没有系统存在
1	少量非正式进料检验被执行,并且没有正式的作业程序。系统要求只是口头定义或者不一致
2	进料的品质基于材质、规格证明书
3	存在有组织的进料检验功能,并有足够的设备、人员与指导,证据显示已有相当成效
4	存在有组织的进料检验功能与作业程序,并有良好的设备、人员与指导,证据显示已有非常好的成效

5.3 供应商质量检验的抽样计划是否依照零缺陷的观念设计?

审核时应考虑:

- 供应商的考核分数被用来确定抽样计划

评分标准:

0	没有正式的抽样计划
1	抽样计划不连续,且没有注明抽样数及合格判据
2	抽样计划根据 MIL-STD-105D⊖或类似的抽样计划设计,并持续使用
3	抽样计划一般根据 MIL-STD-105D 设计,而一些重要的特性已使用零缺陷(C=0)标准
4	以零缺陷(C=0)为标准的抽样计划已被持续使用

5.4 是否有一程序或系统以确保质量问题已被通知供应商,并追踪其结果?

审核时应考虑:

- 依据追踪纠正措施需求的反应记录来决定是否需要进一步行动
- 通过审核再次发生问题的记录来验证系统的有效性

评分标准:

0	没有反馈系统
1	非正式地向供应商反映问题

⊖ MIL-STD-105D 是美国军用标准的一部分,它是一种抽样检验标准,用于确保产品质量符合军事规格。

(续)

2	已有正式的文件用来反映问题给供应商,但缺乏规范
3	已遵循正式的操作程序来反映问题给供应商,并有行动及追踪记录
4	已遵循正式的操作程序来反映问题给供应商,并且当需要解决问题的时候能提供协助,所有的行动及追踪被记录,以确保改进行动已生效

6. 统计方法(每项 4 分,共 16 分)

6.1 员工是否已受过基本统计方法培训?

审核时应考虑:

- 培训包括一些基本的 SPC⊖方法,如 GRR⊜、工序能力分析、计量型与计数型的控制图、可靠性分析
- 验证培训计划和记录
- 管理层定期审查培训计划,以确保培训的有效性

评分标准:

0	没有任何员工受过 SPC 培训
1	培训尚处于计划中
2	一些关键的员工已接受过培训
3	员工已受过培训,但没有确定应用的地方
4	基本统计方法培训已完成,并计划进行高级统计方法培训

6.2 对于新产品、过程变更及新设备是否使用过程能力分析?(检查 GRR 的值)

审核时应考虑:

- 验证管理层对新产品、过程变更和新设备工序能力分析的规定
- 验证与规定的一致性
- CPK⊜值作为工序能力分析的一部分被计算

评分标准:

0	没有实施工序能力分析
1	工序能力分析实施尚处于计划阶段中

⊖ SPC 全拼是 Statistical Process Control,意思是统计过程控制。

⊜ GRR 全拼是 Gauge Repeatability and Reproducibility,意思是测量系统的重复性和复现性。

⊜ CPK 全拼是 Complex Process Capability Index,在质量管理中表示制程能力指数,是现代企业用于表示制程能力的指标。

(续)

2	已实施工序能力分析,但并不多或者只是基于客户要求
3	文件证明工序能力分析已运用于新产品、过程变更及新设备上,工序能力分析被用于验证持续改善的结果
4	文件证明一个有效系统存在,其要求对于新产品、过程变更及新设备需进行工序能力分析,并把其当成接受与否的标准,证据表明此系统是被遵循的

6.3 CPK=1.33?工序能力目标是否存在并且来自顾客关心的CTQ⊖

审核时应考虑:
- 验证管理层的政策及改进的行动

评分标准:

0	没有CPK的目标值存在
1	CPK值低于1.33,并且有质量改进计划来达到CPK=1.33
2	少部分的重要特性已能达到CPK=1.33
3	一般重要的特性已制定并能达到CPK=1.33
4	所有的工序已经能达到并保持CPK=1.33或更高

6.4 是否运用高级统计方法?如实验设计、回归分析、T-Test⊜、F-Test⊜等。

审核时应考虑:
- 包括DOE®、相关分析、T-Test和F-Test等
- 有无使用这些方法来生产高质量的新产品

评分标准:

0	没有运用高级统计方法
1	了解高级统计方法并正计划使用
2	已少许正式使用或是基于客户的要求使用高级统计方法

⊖ CTQ全拼是Critical to Quality,意思是品质关键点。

⊜ T-Test全拼是Student's T Test,在统计学中用于比较两样本平均值之间是否具有显著性差异。

⊜ F-Test在质量中的意思主要是F检验,也称为联合假设检验、方差比率检验或方差齐性检验。

⊜ DOE全拼是Design of Experiment,意思是试验设计,是一种安排实验和分析实验数据的数理统计方法。

(续)

3	已正式运用高级统计方法以了解工序与设备的变异,并使工序最优化
4	文件证明一个有效的系统存在,其要求在所有工序中运用高级统计方法。文件证明工序与设备的变异已被了解并且工序被优化

7. 量具控制(每项 3 分,共 18 分)

7.1 是否有正式的量具控制系统?

审核时应考虑:

- 控制系统应包括所有量具,如个人所拥有的工具室和保养场所等
- 有不断更新的校验、保养计划和行动
- 在公司内审程序中规定须验证系统的有效性及程序的执行情况
- 相关人员已接受校验、保养的培训
- 追踪 3～5 个量具来验证系统的有效性

评分标准:

0	没有量具控制系统存在
1	存在非正式的量具控制系统
2	存在正式的量具控制系统,一般是有效的
3	良好的计划,存在适当及有效的量具控制系统

7.2 对于所有测量设备是否有校验程序?是否有一个作业程序规定当测量设备已偏差至校验标准之外时所需采取的措施?

审核时应考虑:

- 验证此程序是否存在
- 验证程序执行情况
- 测试设备的接收和拒收程序

评分标准:

0	没有任何校验程序存在
1	存在非正式的校验程序
2	存在正式的校验程序,当检验设备超出校验精度时,已采取适当的改正措施,校验程序已普遍被遵循
3	存在正式的校验程序,当检验设备超出校验精度时,已采取适当的改正措施,校验程序持续地被遵循

7.3 量具的校验标准是否可追溯国家标准或国际标准,或国外委托的校验机构的标准?

审核时应考虑:

- 验证校验标准能够追溯到国家标准或相应的代理机构,并被证明在可接受的规定间隔内,例如至少一年校验一次

(续)

评分标准:	
0	校验标准无法追溯
1	很少的校验标准可被追溯
2	大部分校验标准可被追溯
3	文件证明所有的校验标准都可被追溯

7.4 每一测量设备上是否都有校验状况的指示标签?

审核时应考虑:
- 验证在所有区域内,所有测量设备上均有校验状况的指示标签

评分标准:	
0	校验状况没有标示在任何测量设备上
1	一些测量设备已标示校验状况
2	所有的测量设备已标示校验状况,但有些设备已超过重新校验的期限
3	所有的测量设备已标示校验状况

7.5 所有的新量具及自制的专用测试设备在使用之前是否被校验合格?

审核时应考虑:
- 计量型量具——验证有无完整的 GRR 报告
- 计数型量具——验证能否确定产品的好坏

评分标准:	
0	没有程序存在
1	存在非正式的验证程序
2	存在正式的验证程序,基本上被遵循
3	存在正式的验证程序,已持续被遵循

7.6 是否已有足够的量具,并已做过 GRR 分析以确保 GRR 低于 10%?

审核时应考虑:
- 验证完成的 GRR 报告及采取的措施
- 对于基准、稳定性和一致性有没有记录

评分标准:	
0	存在基本量具,但没有实施 GRR 分析
1	存在适当的量具,文件显示重要的特性已实施 GRR 分析
2	存在适当的量具,文件显示 GRR 分析已普遍实施,且 GRR 一般是低于 20%(当实施工序能力分析时,GRR 的值必须是考虑的因素)
3	存在适当的量具与测试设备,文件显示当 GRR 大于 10% 时,会分析其接受与否或者需要采取的措施

(续)

8. 材料控制（每项 4 分，共 20 分）

8.1 所有流程的物料是否具有可追溯性？

审核时应考虑：

- 不合格物料的识别与置放的困难程度
- 做精确的物料追溯所需的时间
- 过程要素的标识能协助问题的解决
- 在整个过程中使用条形码
- 从原料到过程到仓储到包装到货运都可追溯

评分标准：

0	没有致力于物料追溯系统的建立与遵循
1	物料追溯是依据日期进行非正式的追溯，追溯成功性很有限并很难达成目的
2	存在正式的追溯系统，但仅局限于在公司内部
3	存在广泛的内部追溯系统，并包括所有的品质测试记录
4	假如客户有要求，追溯系统可提供完整的内部与外部的物料识别与置放的能力

8.2 不合格物料是否已被标识、隔离、依照程序处理并采取适当的措施以防止再发生？

审核时应考虑

- 验证程序的执行情况
- 是否有系统或货架来控制原料、过程和成品

评分标准：

0	没有不合格物料的标识、隔离与处理程序
1	存在不合格物料标识、隔离程序，但没有效果。没有正式的不合格物料处理
2	不合格物料已有效地标示与隔离，不合格物料的处理是非正式的，并缺少文件
3	不合格物料已有效地标示与隔离，不合格物料是根据正式的作业程序处理，并有适当的文件留存
4	不合格物料已有效地标示与隔离，不合格物料是根据正式的作业程序处理，并有适当的文件留存。改正措施已被执行以避免问题再发生，不合格物料的发生原因总是能被发现，并能有效地监视评估以防再发生

(续)

8.3 对于物料包装、标识、搬运、运输是否有适当的控制措施,以使损坏或标识错误的风险降至最低?

审核时应考虑:
- 验证程序的执行情况
- 在整个过程中物料系统地流动
- 验证托盘堆放的作业指导书
- 验证产品的包装作业指导书

评分标准:	
0	没有证据表明物料控制系统存在
1	作业人员使用非正式的物料控制系统,没有包装、标识、搬运、运输的作业指导书
2	正式的物料控制系统被使用,但作业指导书有不清楚或易发生错误的地方
3	正式的物料控制系统被使用,并作为产品设计时的考虑因素,已建立包装、标识、搬运、运输的标准,证据表明作业人员已遵循和建立作业程序
4	大量的文件证明从来料至出货的物料控制标准、作业程序是非常有效的,并将其作为产品设计时的考虑因素。所有相关员工已受过培训以了解如何使用作业程序与正确的物料处理方法。物料储存场所及管理是非常良好的,标准的包装箱被使用

8.4 是否有一正式的物料审核组织以处理不合规定的物料,并开发一个改善计划以防止问题再发生?

审核时应考虑:
- 验证操作程序和纠正措施

评分标准:	
0	没有物料审核组织(MRB)的功能存在
1	检验员决定不合格物料的处理
2	存在非正式的物料审核组织,没有作业程序及相关记录
3	存在正式的物料审核组织,并有固定成员与正式作业程序,不合格物料的处理缺少纠正措施
4	存在正式的物料审核组织,并有固定成员与正式作业程序,不合格物料的处理依据相关文件程序,文件中包含纠正措施,纠正措施的有效性也被跟踪

(续)

8.5 是否有一可行的系统通知客户有不合格品被运出？

审核时应考虑：
- 验证操作程序和纠正措施

评分标准：

0	没有系统存在
1	非正式的系统存在并且会通知顾客
2	文件显示正式的系统存在并且追踪一些案例
3	文件显示正式的系统存在并且严格地追踪书面通知和记录
4	文件显示正式的系统存在并且严格地追踪书面通知和记录。用纠正措施来预防再发生。现行的文件显示有成效

9. 程序控制（每项4分，共20分）

9.1 是否有文件化的操作程序来定义生产的方式和操作情形？

审核时应考虑：
- 陈列和使用作业指导书
- 作业指导书的可视性，详细的文字说明，并且使用本国文字

评分标准：

0	没有任何作业指导书
1	有一些基本但非正式的作业指导书
2	有正式的作业指导书，但是描述不清楚和不完整而且不是经常性地追踪
3	有正式的作业指导书，描述清楚完整并带有图文
4	有正式的作业指导书，描述清楚完整。有书面性的短期目标，有效预防，纠正措施。这些记录被管理层周期性地审核

9.2 是否有设备预防保养计划，包括各种模具、机器、工装夹具等？

审核时应考虑：
- 预防保养计划应包括文件化的程序及时间表，机器停机也应包括在计划中
- 预防保养计划应覆盖机器设备、模具和工装夹具等
- 预防保养计划应包括每次模具开始生产时的点检记录

评分标准：

0	没有数据显示预防保养计划被执行和预防保养制度存在
1	存在预防保养制度，但是少量的保养被执行，少量的数据被收集和使用

(续)

2	存在文件性的预防保养制度，证据显示制度被使用
3	存在文件性的预防保养制度，预防保养有时间计划和记录；现行的证据表明是为了降低机器的停工期
4	存在文件性的预防保养制度，机器/过程的定期预防保养履历已被记录并保存。设备不正常的停机时间，也被列入预防保养计划中，预防保养计划已列入生产计划中

9.3 是否有适当的量具，检验或控制程序被制定和运用？

审核时应考虑：

- 有合适的量具存在——公差应小于 0.025MM 尺寸应使用定量量具（可读数量具），所有的 QC（Quality Control，品质控制）/CTQ 尺寸要有合适的量具，需要的时候应使用定性量具（通止规类），所有的量具都应和相关性分析或图纸要求有关
- 检验方法适合目前的产品和工具，检验方法已制定并能够有效运用
- 适当的控制程序已制定并用来维护检验的频率和需求

评分标准：

0	没有检验或控制程序存在
1	存在非正式的控制程序和基本的量具，以及使用少量的指导书
2	存在书面的控制程序和基本的量具，但检验方法缺乏易懂性和可追踪性
3	存在书面的控制程序，被测量的要素已被书面定义，对于测量的要素要有合适的量具（定性的和定量的）并且过程是有效的
4	存在书面的控制程序，被测量的要素已被书面定义，对于测量的要素要有合适的量具（定性的和定量的）并且过程是非常有效的。所有的检验方法都被用来有效控制关键要素，现有的有效系统能反馈和纠正问题

9.4 统计方法是否运用于制造过程控制？

审核时应考虑：

- 在每个过程中已选用了一些统计方法，用来提供足够的控制和正确的反馈
- 作业人员了解统计方法附加的含义

评分标准：

0	没有任何统计方法被运用
1	统计方法的运用正处于计划阶段

(续)

2	统计方法已运用于一些特性上,但目前的运用是基于客户的要求并且效果不明显
3	统计方法已普遍运用于重要的特性上,并且效果良好
4	统计方法已有效地用来控制重要的特性,并透过一个有效的系统把相关的资料反馈给相关部门,以进行持续改善

9.5 对于失控状态或已有不良趋势时是否有反应及纠正计划?

审核时应考虑:
- 计划的规定
- 确定失控状态及采取措施的程序存在
- 验证失控时的反应计划与纠正措施

评分标准:

0	没有任何反应计划
1	非正式的反应计划被运用
2	存在正式的反应计划,但很少执行
3	存在正式的反应计划,并有良好的成效
4	所有应用的场合已确实地、持续地执行反应计划,文件显示绩效良好

10. 线尾检验或成品检验(每项3分,共15分)

10.1 最终检验及抽样计划是否以零缺点观念为基础?

审核时应考虑:
- 验证程序的执行情况

评分标准:

0	没有采用抽样计划
1	使用自定的抽样计划,无法追溯到一个已知的标准
2	抽样计划根据 MIL-STD-105D 或类似的计划设计,并已持续使用
3	以零缺陷(C=0)为标准的抽样计划已被持续使用

10.2 对于不合格情况是否有反应计划或程序?

审核时应考虑:
- 验证程序的执行情况以及采取的纠正措施

评分标准:

0	对于不合格状况,没有反应计划
1	对于不合格状况出现时有非正式的反应计划

(续)

	2	对于不合格状况出现时有书面的反应计划
	3	对于不合格状况出现时有书面的反应计划,并且有即时型目标和有效预防及纠正措施

10.3 不合格产品是否有标识并予以隔离?

审核时应考虑:

- 验证程序的执行情况

评分标准:

0	不合格产品没有标识与隔离
1	一些文件显示不合格产品的标识与隔离作业程序存在,但没有基于正式的程序
2	存在不合格产品的标识与隔离的正式作业程序,并且追踪一些计划
3	存在不合格产品的标识与隔离的作业程序,并且有证据表明此作业程序已被持续使用并且有成效

10.4 对于返工或已挑选的产品是否在出货前再次检验?

审核时应考虑:

- 验证程序的执行情况

评分标准:

0	返工或已挑选的产品在出货前没有再次检验
1	一些证据表明返工或已挑选的产品在出货前再次检验
2	存在返工或已挑选的产品在出货前须再次检验的作业程序,证据表明此程序有点儿成效
3	存在返工或已挑选的产品在出货前须再次检验的作业程序,证据表明此程序已被持续使用并且有成效

10.5 最终检验记录是否保存并作为纠正措施及持续改进的参考?

审核时应考虑:

- 检验记录按历史趋势跟踪,排列图或其他方法被用来确保纠正措施及持续改进
- 验证通过审核记录来防止问题再发生的有效性

评分标准:

0	没有任何检验记录存在
1	审核记录有维护但不完整
2	审核记录有维护但一般并没有用于改善方面

(续)

3	文件显示审核记录有维护,并用来确保纠正措施及持续改进

11. 客户满意(每项 5 分,共 10 分)

11.1 是否采取积极的行动,以了解客户的需求与问题?

审核时应考虑:
- 分析竞争者和世界级的产品或服务作为持续改进的参考
- 定期拜访客户来评估客户的满意度
- 对客户进行调查来进一步评估客户的满意度
- 客户质量反馈的数据被审核并作为持续改进的参考——验证数据

评分标准:

0	没有任何积极的行动去了解客户的需求与问题
1	有意愿去了解客户的需求与问题,但仅限于很重要的问题或者作为延续商务关系的手段
2	有意愿去了解客户的需求与问题,但仅限于客户要求时
3	基本上已采取积极的行动,去了解客户的需求与问题
4	对于了解客户的需求与问题一直采取积极的行动,并且将其视为一个基本的管理目标列入程序文件中
5	对于了解客户的需求与问题一直采取积极的行动,并且将其视为一个基本的管理目标列入程序文件中,证据表明已获得很好的效果

11.2 是否能够提供技术支持以协助客户解决问题?

审核时应考虑:
- 验证技术支持已被提供给主要的工程及制造客户
- 支持的有效性

评分标准:

0	没有任何技术支持存在
1	存在有限的技术支持,以协助客户解决问题
2	存在一些技术支持,以协助客户解决问题,并可协助解决较严重的情况
3	存在足够的技术支持,以协助客户解决问题
4	存在足够的技术支持,以协助客户解决问题,并经常作为主导,以协助客户解决问题
5	存在高水准的技术支持,以协助客户解决问题,并作为主导,其信赖度非常高

(续)

12. 持续改进（每项5分，共15分）

12.1 是否定期举行品质改善会议？

审核时应考虑：
- 有文件化的会议记录
- 验证会议的记录及跟踪行动是否完成
- 员工被授权并参加问题解决小组以持续改善质量

评分标准：

0	没有举行任何品质改善会议
1	偶尔1对1或者在工作上与员工举行不定期的会议以讨论品质改善事项
2	定期与员工举行会议，偶尔把品质改善事项列入议题
3	定期与员工举行会议，并总是把品质改善事项列入议题
4	定期与员工举行会议，致力于品质改善事项，且记录被保存
5	定期与员工举行会议，致力于品质改善事项，员工热烈参与并提出建议，合理建议马上被执行，并评估其成效

12.2 是否有一个系统存在来进行内部质量体系审核和评估质量体系的有效性？

审核时应考虑：
- 有没有一个内部审核程序覆盖到质量体系的所有要素
- 审核的频率如何？具体的负责人和负责审核的部分，是否有时间计划表，是否有记录或通知，是否执行纠正措施并且成为工厂纠正措施体系的一部分

评分标准：

0	没有内部质量体系审核存在
1	存在临时性的内部质量体系审核，但没有时间计划表和书面文件
2	存在正式的内部质量体系审核，但没有覆盖到质量体系的所有要素，文件不完善或追踪不完善。体系须改善
3	存在正式的内部质量体系审核的文件和纠正措施，但没有覆盖到质量体系的所有要素
4	存在正式完整的内部质量体系审核，并且覆盖到质量体系的所有要素，包括书面文件、时间计划表和所有的纠正措施
5	存在一个战略性的、正式完整的内部质量体系审核，并且覆盖到质量体系的所有要素。各个方面都有书面记录，有完整的计划，对纠正措施有搜集、分析及改进。这是积极的、有效的并且运用于前摄性的管理

(续)

12.3 是否把质量成本（预防成本、鉴定成本、内部及外部失效成本）作为质量改进的工具？

审核时应考虑：

- 已经计算预防成本、鉴定成本、内部及外部失效成本
- 质量成本的趋势被追踪，并在整个组织内公布
- 验证通过质量成本所确定的改进行动

评分标准：

0	没有任何质量成本的评估
1	质量成本被收集但仅限于一些严重的问题
2	一些质量成本的要素如废品率和返工被追踪
3	质量成本被追踪，但没有证据表明被用来作为质量改进的工具
4	质量成本被追踪，一般被用来作为质量改进的工具
5	质量成本被追踪，并被用来作为质量改进的工具。另外，质量成本的改善目标已被设定，并追踪评估此目标与改进行动是否被执行，以确保质量成本与相关成本被持续改进

该表可以当作企业设计供应商质量体系审核表的数据库，结构清晰、逻辑严密。例如，表1.1条是向供应商传递零缺陷的要求；5.3条则要求供应商有质量检验的抽样计划，要依照零缺陷的观念设计；而12.3条则把质量成本（预防成本、鉴定成本、内部及外部失效成本）作为质量改进的工具，以衡量没有做到零缺陷所带来的损失。每个部分都有"审核时应考虑"的内容及具体的"评分标准"。

零缺陷评估表格很好，但不适合所有企业。对新兴行业或正在成长的企业，用零缺陷评估表可能会面临无供应商可用的尴尬局面。还会遇到一个更现实的挑战，即质量与成本如何均衡？某新能源设备公司就遇到了这样的问题，该公

司从汽车行业招来的质量总监,要求对所有供应商都按零缺陷质量体系重新进行评估,并对不符合的供应商要实行限期淘汰。但新能源设备是新兴行业,有些品类所处行业比较粗放,存在很多作坊式供应商。采购人员发现,这些作坊式供应商尽管体系管理薄弱,但是依然可以做出合格产品,并且成本很低,服务又好。采购人员希望质量总监考虑质量和成本的均衡问题,否则会因为过高的质量要求而导致失去成本优势。但质量总监认为质量是底线,采购部门必须执行,没得商量。如何处理质量与成本的均衡问题呢?

2. 基于质量与成本均衡的 ABC 分类审核表设计

这个问题在理论上是有解决方案的,就是以总成本最优为原则,以物料分类为方法,设计不同的准入条件与管理策略。

总成本最优,是指将总成本定义为价格与质量成本的合计,其中质量成本包括预防成本、鉴定成本、内部失效成本、外部失效成本。有些物料对产品性能和安全性有直接影响,一旦出问题,内部失效成本与外部失效成本很高,将这类物料定义为 A 类。对 A 类物料来说,因为风险高,所以要以质量为导向,企业应加大预防成本投入,适当强化鉴定成本,并按严格的供应商准入流程,零缺陷的标准去评审供应商。还有一些物料对产品质量影响很小,风险很低,价格优于质量成本，将其称为 C 类物料，C 类物料以成本为导向，可以只关注产品是否合格，不用过分关注体系，可以择优选择作坊式供应商。处于 A 类和 C 类之间的 B 类物料，对产品有一定影响但不大，价格与质量成本各占 50%。A、B、C 类物类可以由研发部门进行分类，采购、质量、生产等部门会签。某知名家电企业的 ABC 分类范例如下。

▶ A 类零部件——质量出问题造成的社会负面影响较大的部件，例如，电脑板、电机、空调用风扇、洗衣机减速器、系统件、导线、耐热塑料件、密封性橡胶件、减震件等。

▶ B 类零部件——质量出问题造成的社会负面影响较小，但对现场问题影响较大的零部件，例如，一般钣金件、塑料件、包装箱、泡沫、垫块等。

▶ C 类零部件——用于辅助生产制造，对最终质量不造成较大影响的部件，例如，油漆、粉末、涂料、脱脂剂、打包带等。

ABC 分类确定后，依据分类制定不同的准入标准。A 类需要经过严格的审核流程，既关心产品，也关心过程和体系，而 C 类重点关心产品，对过程和体系的要求则可适当放宽。同时，为避免主观评分，应尽可能采用判断题的方式进行审核。如果回答 Yes，则得一分，要留下记录；如果回答 No，则得 0 分。如果是 N/A，则这一项不需要审核。下面这套范本表格适用于三类供应商的审核，且使用 Yes or No 判断题的方式，A 类全打钩，表示全部条款都要审核，B 类、C 类则依次减少审核内容。ABC 分类审核表如表 3-9 所示。

表 3-9　ABC 分类审核表

1. 质量管理体系		该项得分百分比：(　)		风险 ABC 类			得分			备注
		该项得分：(　)	该项总分：(　)	A	B	C	Yes	No	N/A	
1.1	是否建立和维护了一套文件化的质量管理体系			√						
1.2	是否编制和持续宣发品质手册			√						
1.3	是否制定品质政策并形成文件，是否有品质承诺			√						
1.4	是否对客户技术文件和合约进行了有效管理			√						
1.5	是否对品质协议、技术协议、采购协议进行了管理			√	√					
1.6	品质手册在发布之前是否经过权责人员的评审并获得批准，以保证其充分性和适宜性			√	√					
1.7	是否有合理的品质文件签核流程			√	√					
1.8	是否对文件进行评审与更新并再次获得批准			√	√					
1.9	是否有标识、贮存、保护、检索、保存期限和处置品质记录的制度，且能贯彻实施			√	√					
1.10	质量记录是否易于检索			√	√					
1.11	质量记录是否保存完好，以使损坏达到最小，并避免丢失			√	√					

(续)

1.12	是否规定质量记录的保存期限	√	√		
1.13	如果有契约规定,质量报告是否提供给顾客用来评估	√	√		
1.14	是否有选择、评估、管理供应商	√	√		
1.15	是否能在文件使用处获得适用文件的有关版本	√	√		
1.16	文件的更改和现行修订状态是否得到识别	√	√	√	
1.17	是否对来自客户的标准、图样等技术文件(如规格书)进行控制,并确保其版本为最新	√	√	√	
1.18	所有作废文件及时被撤出使用地点,确保现场保持有效文件	√	√	√	
1.19	是否保留了所有品质记录,以证明品质能达到要求,品质体系能有效运作	√	√	√	
1.20	品质机构是否被明确定义	√	√		
1.21	是否能主动收集来自公司各部门及用户的品质信息,并有专门部门进行分析,及时传达给有关部门或人员	√	√	√	
1.22	领导层是否对涉及产品品质和用户申诉的重大问题给予重视,能分析研究采取有力的控制措施,及早采取预防措施	√	√	√	
1.23	能满足本司50%增减应变能力,且有紧急插单的能力	√	√	√	
1.24	工程变更在执行前是否经过权责人员的评审和批准	√	√	√	
1.25	工程变更一旦批准,变更通知是否分发到受影响的部门	√	√	√	
1.26	是否有一个体系能确认员工是否胜任其工作	√	√	√	
1.27	品质目标是否被清楚规定	√	√	√	

(续)

2. 管理职责		该项得分百分比:( )		风险 ABC 类			得分			备注
		该项得分:( )	该项总分:( )	A	B	C	Yes	No	N/A	
2.1	是否任命了一名管理代表,拥有保证执行和保持品质体系的责任和职权						√			
2.2	是否有证据证明改善流程正被有效实施并管理				√					
2.3	是否在适当的时间定期对质量管理体系的适宜性、充分性和有效性进行评审,例如质量管理体系是否满足客户要求				√					
2.4	管理评审是否保留了记录				√					
2.5	管理评审的输入是否包括审核结果、顾客反馈、改进的建议				√					
2.6	管理评审的输出是否包括质量管理体系过程的有效性改进、产品改进及资源需求				√					
2.7	是否有使职员下岗和再上岗工作的职责体系				√					
2.8	是否保证客户信息在工厂内部得到适当沟通				√	√				
2.9	是否有一个体系识别所有影响产品质量的员工的培训需求				√	√				
2.10	是否有一个体系能确认员工是否胜任其工作				√	√				
2.11	作业员是否清楚本制程的安全质控点				√	√				
2.12	所有上岗人员是否经过上岗资格认证				√	√				
2.13	是否规定了影响产品、材料、服务质量的人员的权限、职责和相互关系				√	√				
2.14	品质目标是否可测量,并分解到各部门,是否存在持续改善流程				√	√				

(续)

					风险ABC类			得分			备注
2.15	是否保留了正确的培训记录		√	√							
2.16	是否提供了足够用来内部确认工作的资源,用来检验、测试、监控和评审流程和产品		√	√							
3. 设计与开发		该项得分百分比:( )			风险ABC类			得分			备注
		该项得分:( )	该项总分:( )		A	B	C	Yes	No	N/A	
3.1	公司是否设有独立的研发部门,并有相关职责和研发计划				√						
3.2	是否有样品测试流程和项目清单				√						
3.3	测试人员是否进行过相关培训并已合格				√						
3.4	提供客观证明其零件已符合规定等级的书面定级试验报告,如正规试验机构或供应商试验室出具的最新评测报告等				√						
3.5	客户样品是否进行了明确的标示并妥善保存				√						
3.6	客户样品的有效期是否列入管制清单				√						
3.7	量产前是否将产品与认可样品进行比较并达到要求				√						
3.8	是否有一程序来控制和验证产品,以确保能满足所有要求				√						
3.9	是否有EVT(工程验证测试)、SIT(系统集成测试)、SVT(系统验证测试)流程与计划来验证和控制产品				√						
3.10	是否进行了FMEA分析				√						
3.11	是否有识别每项设计和开发活动责任的计划				√						
3.12	计划是否随设计进展而更新				√						
3.13	是否进行了与产品相关要求的评审				√	√					
3.14	是否对客户样品进行管制				√	√					

(续)

编号	项目	A	B	C	Yes	No	N/A	备注
3.15	是否要求零件供应商送样,并进行测试、承认,确认其符合产品规格	√	√					
3.16	是否对研发文件及执行标准进行管制	√	√					
3.17	设计和验证工作是否计划好并分配给有资格的人员	√	√					
3.18	对于设计变更,是否有识别、评审、批准的书面化程序	√	√					
3.19	在量产前,是否有检验产品符合设计规格的要求,如设计评审/确认	√	√					
3.20	是否有适当的文件化和设计评审的记录	√	√					
3.21	针对安规料件UL认证工厂,是否进行零件安规控制	√	√					
3.22	针对部分设计阶段在其他地方的转移生产,是否有一程序规定如何进行设计资料的转移、评审、量产的控制流程	√	√					
3.23	工程变更在执行前是否经过权责人员的评审和批准	√	√					
3.24	工程变更一旦批准,变更通知是否分发到受影响的部门	√	√					
3.25	是否有验证工程变更有效性的体系	√	√					

4. 生产和服务提供		该项得分百分比:( )		风险ABC类			得分			备注
		该项得分:( )	该项总分:( )	A	B	C	Yes	No	N/A	
4.1	是否有SPC训练计划文件,每个员工记录是否得到保存			√						
4.2	CP/CPK值没有达到期望值时,是否采取适当的措施			√						
4.3	当制程失控和制造出不合格品时,是否有一个停线标准或停止出货标准			√						

(续)

4.4	装配产品时是否有标识来保证流程中没有步骤被遗漏	√			
4.5	是否对顾客财产进行管理	√			
4.6	是否有工序管理办法,且能贯彻实施	√			
4.7	是否有作业指导书规定生产方式和每个过程/站别的设立	√	√		
4.8	作业指导书是否明确地规定了所使用的机器、装备、工具、治具、材料及程序	√	√		
4.9	对管制图上超出管制界限的点是否有原因分析和改善对策	√	√		
4.10	当有特殊追溯性要求时,单个产品或批量产品是否唯一标识	√	√		
4.11	是否依规定执行工程变更	√	√		
4.12	处理ESD(静电释放)材料时,操作者是否佩戴了静电手环,是否对静电手环进行了检查并做记录	√	√		
4.13	包装、装货的流程是否令人满意	√	√		
4.14	是否有生产的产品标识和追溯的管理办法	√	√		
4.15	生产环境是否符合生产要求	√	√	√	
4.16	有无进料检验管制系统,并检查检验记录	√	√	√	
4.17	作业者对作业指导书是否清楚,并遵循作业指导书进行作业	√	√		
4.18	作业指导书等品质文件是否有版本控制,且在发布前有权责人员确认	√	√	√	
4.19	是否对关键工序和特殊工序进行控制	√	√	√	
4.20	测试条件、程序和仪器是否足够充分	√	√	√	

(续)

编号	项目	A	B	C	Yes	No	N/A
4.21	有无品质反馈系统,并贯彻执行	√	√	√			
4.22	是否建立制程检验/测试管理/作业标准	√	√	√			
4.23	所有库存和生产中的材料能否适当地识别和控制	√	√	√			
4.24	对合格品、不合格品的检验或测试状况,是否有标识。如标签、检验数据、测试软件、放置场所等	√	√	√			
4.25	所有等待/通过/未通过测试的产品是否采取适当方式分开,以避免混乱	√	√	√			
4.26	是否有生产管理对工单进行控制	√	√				
4.27	重要的品质资讯是否已贯彻到基层的员工	√	√				
4.28	是否对特殊工序的人员定期进行培训	√	√				
4.29	是否通过风险评估来评价生产过程中可能产生的故障和时效及其对市场品质的影响	√	√				
4.30	是否有一个明确的计划,以不断对制程自动化进行改进	√	√				
4.31	是否设立品管圈⊖活动	√	√				
4.32	作业人员是否依规定穿戴防护具	√	√				
4.33	改善品是否能进行识别,有否S/N(序列号)或Barcode(条形码)的记录	√	√				

5. 仪校	该项得分百分比:( )		风险ABC类			得分			备注
	该项得分:( )	该项总分:( )	A	B	C	Yes	No	N/A	
5.1	是否有一个正式控制体系以确保所有设备的精确度及准确度		√						

⊖ 品管圈是由相同、相近或互补性质的工作场所的人们自动自发组成的品管小组。

（续）

5.2	是否有 Gauge R&R（测量系统的重复性和复现性）程序以确保仪器的精确度以及准确度	√			
5.3	所有的校验人员是否接受过适当培训，是否定期参加培训班，无论是外部或内部	√			
5.4	是否建立仪器设备清单	√			
5.5	是否有一个正确方式搬运和存贮测量仪器、设备、工具及治具，以保证准确性和适合度	√	√		
5.6	校验标准是否可追溯至国际或国家测量标准	√	√		
5.7	当发现测量、测试设备达不到要求时，是否有采取相应措施	√	√	√	
5.8	当发现使用超出仪校值的设备对产品进行检测时，是否有程序对产出的材料进行处理	√	√	√	
5.9	是否有检验、测量、测试设备及人员管理的制度，且能贯彻实施	√	√	√	
5.10	是否在合适的时间间隔内对设备进行验证或重新校准	√	√	√	
5.11	是否确保正常使用的仪器在有效期内	√	√	√	
5.12	供应商是否保证环境条件适合于校验、检验和测定	√	√	√	
5.13	是否对免检的设备进行明确标识	√	√	√	
5.14	所有用于校正用的设备（标准设备）是否妥善存贮、管理，并进行校正	√	√	√	
5.15	是否保留校验记录	√	√	√	
5.16	是否有表明检定结果的标记	√	√	√	

(续)

		该项得分百分比：( )		风险 ABC 类			得分			备注
6.产品防护		该项得分：( )	该项总分：( )	A	B	C	Yes	No	N/A	
6.1	是否有产品搬运、贮存、包装和交付办法，且能贯彻执行			√						
6.2	是否提供防止搬运过程中产品损坏的方法			√						
6.3	静电敏感材料是否贮存在防静电包装中			√						
6.4	在适当的时间间隔内是否对库存产品的条件进行重新评估，以减少损坏			√						
6.5	是否制定原料/成品仓库管理办法，且贯彻执行			√	√					
6.6	易燃、腐蚀、有毒材料是否妥善保存和隔离开			√	√					
6.7	存贮场所的特殊材料是否定期进行温度和湿度监测			√	√					
6.8	仓库环境是否具备防火、防水、防盗、防变质及防意外事故的条件			√	√	√				
6.9	材料控制记录是否保存			√	√					
6.10	材料发放是否按照先进先出的准则			√	√					
6.11	是否规定原材料、成品的库存有效期			√	√					
6.12	各类库房物资是否分类存放、标记明显（包括良品、不良品）			√	√					
6.13	各类库房是否整洁、堆放合理			√	√					
6.14	是否有消防措施			√	√	√				
7.测量、分析		该项得分百分比：( )		风险 ABC 类			得分			备注
		该项得分：( )	该项总分：( )	A	B	C	Yes	No	N/A	
7.1	所有关键过程和参数是否在统计控制下（如控制图，CP/CPK研究）有效实施			√						

(续)

7.2	是否按照品质计划或文件化程序对产品进行检验、测试、标识	√			
7.3	是否进行长期的可靠性测试	√			
7.4	是否对关键参数进行性能研究	√			
7.5	是否进行MTBF（平均故障间隔时间）测试	√			
7.6	是否进行X-Ray（X射线）测试	√			
7.7	是否根据计划及文件化的内部质量审核程序进行全面内部质量审核	√			
7.8	内部品质稽核是否证实符合品质目标、顾客需求、制程需求和ISO要素的要求	√			
7.9	内部品质稽核是否证实质量体系的有效性，例如对SPC、CLCA（闭环纠正措施）数据的评审	√			
7.10	是否依据实际工作情况和工作重点制订内部品质稽核计划	√			
7.11	内部稽核和追踪是否根据文件流程来实行	√			
7.12	在稽核过程中发现不足，负责该领域管理者是否及时采取措施	√			
7.13	是否利用统计技术建立一个系统，用以控制、验证制程能力和产品特性		√		
7.14	是否利用统计技术建立产品品质特性的相关性	√	√		
7.15	是否进行成品检验，是否有检验和试验规范	√	√		
7.16	测试和检验的数据有否在报告中体现	√			
7.17	检验员是否按照检验指导书作业	√	√		
7.18	功能测试是否涵盖产品所有功能	√	√		
7.19	是否明确定义成品出货的核准权责	√	√		

（续）

序号	项目	A	B	C	Yes	No	N/A	备注
7.20	是否确保进料产品在验证和检验符合要求后才投入使用	√	√	√				
7.21	是否对所有执行的检验制作完整的检验报告	√	√	√				
7.22	检验员是否取得检验资格或由经验丰富的检验员带领	√	√	√				
7.23	是否实行首样检验、巡检制度	√	√	√				
7.24	是否有独立于生产部门的检验部门，有专职检验员并职责明确	√	√	√				
7.25	主要检验设备、仪表、量具是否齐全，且处于完好状态，并按期校准	√	√	√				
7.26	成品是否在工序检验合格后才放行	√	√	√				
7.27	AQL 水准是否符合要求	√	√	√				

8. 不合格品控制、改进	该项得分百分比：( )		风险 ABC 类			得分			备注
	该项得分：( )	该项总分：( )	A	B	C	Yes	No	N/A	
8.1	是否有定义材料的处理标准		√						
8.2	是否有发布 MRB 材料 CLCA 的需求		√						
8.3	纠正措施要求中是否包括所有必要的细节，如料号、批号、检验日期、批量大小、拒收数量等		√						
8.4	如果供应商有过失，是否有一个体系反馈给 IQC（来料质量控制）采取行动		√						
8.5	对策报告是否经相应权责人员评审和批准		√						
8.6	对市场返回的不良品是否有一套分析、纠正预防及持续改进流程		√						
8.7	CLCA有否在规定时间内完整的答复		√						
8.8	对不合格品是否进行分析并采取纠正、预防措施		√						

(续)

8.9	当可靠性测试失败时，是否提出纠正、预防措施要求	√			
8.10	是否有一套对不合格品进行隔离、标识、记录、分析、改善及采取纠正预防措施的控制办法	√	√		
8.11	是否有一个合理的返工流程	√	√		
8.12	返工后的产品是否进行加严检验	√	√		
8.13	是否有一个体系，能反馈不良分析及对策给相应部门，包括制造部门	√	√		
8.14	对处理不合格品的有关部门和人员的职责、权限是否做出规定	√	√		
8.15	如果让步接受不良材料，是否有评价风险因素	√	√		
8.16	是否对公司重大品质事故进行有效的分析和控制	√	√		
8.17	在实施纠正预防措施的过程中，若发现对策无效，是否有再改进	√	√	√	
8.18	是否保留所有纠正预防措施及结果的记录	√	√	√	
8.19	是否对预防措施的有效性进行监控	√	√	√	
8.20	当提议"照旧使用"或"修理"的让步时，是否按照合同要求向客户（买方）或其代表报告	√	√	√	
8.21	如果不良材料需要挑选或返工，是否有额外的检验	√	√	√	
8.22	是否对不合格品进行标识、隔离	√	√	√	
8.23	是否标识并控制不符合要求的产品，以防止误用或交付	√	√	√	
8.24	是否纠正不合格的产品，并在纠正后予以重新验证，以证实其符合性	√	√	√	
8.25	在交付和开始使用后发现的不合格品，是否针对该不合格的后果采取适当的措施	√	√	√	

(续)

注：
Yes：符合，Yes=1，有该程序文件或规定，并彻底执行
No：不符合，No=0，未有程序，或虽有程序但未按要求执行
N/A：该项不适用于该公司，不会发生这种情况

3.6.2 体系审核、过程审核与产品审核的区别与联系

1. 体系审核

很多企业在供应商质量审核时，主要对质量管理体系进行审核。原因是ISO9000在企业推行多年，各部门都最熟悉。但实际上，质量体系审核在供应商审核中是价值最低的：一是体系审核与产品质量是弱关联，二是几乎所有的供应商在体系审核上都存在审核过剩（供应商内部每年会做一次内审，跨部门交叉执行，很少做假；供应商还会定期请专业第三方做年审）。如果企业的审核小组在供应商准入阶段再对其进行体系审核，不仅在对供应商熟悉程度上不如内部人员，在专业度上也不如第三方审核机构，这无疑增加了供应商的负担，并没有为双方带来增值。

那么供应商的体系如何去审呢？答案是一表三问。

一表是表3-9ABC分类审核表。向供应商发放供应商调查表时，要求供应商做ABC分类审核表的自评。在收到自评表后，总结该供应商的优势与劣势。

三问是下面的三问。

（1）最近一次的内审是什么时间？发现了什么问题？

（2）最近一次的外审是哪家机构？什么时间开展的？发现了什么问题？

（3）针对发现的问题如何整改的？

然后要求供应商提供最近一次的内审报告和外审报告，去现场看供应商对问题点的整改措施是否落实。

依据供应商的 ABC 分类审核表以及内审和外审发现的问题与整改情况，就可撰写供应商质量体系的风险评估报告了。

2. 过程审核与产品审核

相比体系审核，另外两种审核更为重要，即过程审核和产品审核。过程审核的对象是产品或服务实现过程/批量生产，其目的是评价产品或服务实现过程的质量能力，并通过评估实现过程的风险来确定其有效性。产品审核的对象是产品或服务，内容包括产品的合格率和特定要求的符合性，其目的是从顾客的角度出发，评价产品或服务质量特性的质量水平。

体系审核、过程审核和产品审核在审核对象、目的、内容上有一定的区别，如表 3-10 所示。

表 3-10 三类审核区别

审核方式	审核对象	目的	内容
体系审核	质量管理体系	对基本要求的完整性及有效性进行评定	包括文件、程序和流程等
过程审核	产品或服务实现过程/批量生产	对产品或服务实现过程的质量能力进行评定	包括PFMEA（过程失效模式及后果分析）、控制计划和作业指导等文件的有效执行
产品审核	产品或服务	从顾客的角度出发，评价产品或服务质量特性的质量水平	包括产品的合格率和特定要求的符合性

在对供应商进行现场审核时，应将关注重点放在过程审核和产品审核上。过程审核的标杆是戴尔公司，其审核标准会依据该产品的生产工艺，完整而细致地核查生产产品的全过程能力。戴尔公司之所以在过程审核上具备显著优势，是因为戴尔公司不生产任何零部件，其产品质量依赖于懂零部件生产的质量工程师，而这些质量工程师大都具备丰富的行业经验，懂工艺与生产，并能通过工艺的过程特性推导出生产中的控制措施，从而实现对过程审核的有效管理。产品审核和过程审核如图 3-3 所示。

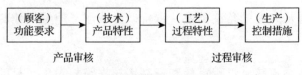

图 3-3 产品审核和过程审核

产品审核的标杆是大众汽车。大众汽车从顾客的功能要求推导出在技术上的产品特性。通常在审核前，大众汽车会向供应商提供一份产品关键特性清单，要求供应商根据产品关键特性清单进行自查自检。如果自检合格，那么供应商可书面通知大众汽车的审核员到现场进行产品审核。大众汽车的审核员到达供应商现场后，首先确认供应商的测量工具，如果测量工具没问题，就会用供应商的测量工具对随机抽取的样品进行产品特性复检。大众汽车的这种产品审核模式更简单、高效且实用。

3.7 现场审核与评估

3.7.1 审核过程中的套路

供应商审核过程，是企业与供应商之间的互动与博弈。供应商试图展现其最佳面貌，同时隐藏潜在的风险与问题，而企业则试图全面、准确地评估供应商的资质、能力及合作过程中可能存在的风险，以保证供应链的安全可靠。在这场博弈中，供应商因为要应对各类客户审核而积累了丰富的经验；而企业的审核人员由于缺乏有效的反馈，往往手法单一，容易被供应商牵着鼻子走，以下是在审核过程中供应商常用的套路与相应的建议措施。

（1）制造意外，阻碍生产环节的查看。

套路描述：供应商通过制造生产中断，例如假称停电或当天没有安排相关或类似的产品生产,来掩盖真实的生产状况或操作流程;也有的供应商以保密为由,拒绝客户去生产现场,其实就是其现场管理不良。

应对策略:在审核前与供应商确认当天的生产安排,确保可以正常生产相关或类似产品,并明确审核计划,减少不必要的干扰。

(2)采用拖延战术,消耗审核时间。

套路描述:通过一系列事先安排的活动(如企业介绍、参观、远距离用餐等),故意拖延时间,以减少实际的审核时间。

应对策略:制定详细的审核日程,并与供应商明确各环节的时间安排,明确取消商务宴请,确保审核计划的高效执行。

(3)记录造假,隐藏风险。

套路描述:供应商通过补或改记录来掩盖问题,增加审核难度。

应对策略:除了查看书面记录,还应关注实际操作与记录的一致性,确保记录真实可靠。

(4)提供"完美"示例,掩盖普遍问题。

套路描述:供应商可能会特意安排一次"完美"的审核演示,展示其最佳实践和最高标准的操作流程,而日常运营可能与此大相径庭。

应对策略:坚持三现主义(现场、现物、现实),进行实地核查,并选择不同产线对操作进行验证。

(5)模糊回答,误导审核。

套路描述:供应商可能会对关键质量指标、绩效指标等进行模糊定义或解释,使审核人员难以准确评估其真实表现。

应对策略:事先明确审核标准和指标定义,确保所有参与审核的人员对这些标准有共同的理解。必要时要求提供相关数据、合同、合作协议等证据。

为避免审核过程中被供应商牵着鼻子走,企业应制定审核流程规划。以下是一家知名家电企业对供应商的审核流程规划。

- ▶ 内部开会确认需求。
- ▶ 供应商寻源及供应商信息调查。
- ▶ 内部评审→制订审核计划(采购、研发、质量、工程、企划等部门)。
- ▶ 成立审核小组,进行背景资料培训,联系供应商。
- ▶ 首次会议:清楚表达审核的目的和范围、宣传贯彻阳光廉洁要求、审核计划及日程安排。
- ▶ 分组审核。
- ▶ 审核小组内部闭门会议,梳理问题点。
- ▶ 末次会议:问题沟通确认、整改计划。
- ▶ 约定时间,确定整改措施,并确认是否要做二次现场评审。
- ▶ 审核结果评审,输出供应商风险评估报告。

以首次会议为例,规划如下。

(1) 清楚表达审核的目的和范围。

供应商希望顺利通过审核,所以会提防审核小组、隐藏缺点与不足,这为审核带来很大的障碍。所以审核小组要在初次会议上明确表明来访目的,尽可能减轻供应商的提防心理。

示例:××集团因为正在发展一些长期合作的供应商,本次审核的目的是探讨双方进行深入合作的可能性,发现并解决合作中的潜在问题,从而推动双方的快速合作。所以请务必如实告知存在的问题,扫清合作上的障碍,推动双方的快速合作。

(2) 宣传贯彻阳光廉洁要求。

审核小组需要向供应商宣读阳光廉洁须知,并要求对方在告知书上签字,最后合影留档。这样可以向供应商传达采购方阳光廉洁的要求,供应商不需要在商务宴请与礼品上浪费精力,这也增加了双方合作的意愿。

示例:

大家好。由于我司有阳光廉洁的相关要求,所以我代表审核小组向贵司宣读我司的阳光廉洁要求:

我司秉承"廉洁、诚信、正道、公正"的合作理念,努力创建阳光透明、诚信廉洁的商业生态,聚焦于为客户创造价值，以高品质、低成本、敏捷交付的供应链能力而非不正当的关系或手段获得业务。

故我司对供应商做如下承诺并请供应商进行监督、遵守：
- 禁止员工向任何供应商索取任何礼品、招待或其他报酬。
- 禁止员工收受任何现金（如红包）、现金等价物，禁止宴请、食宿、洗浴、旅游、招待、娱乐或者其他任何利益。
- 员工出差住宿及差旅费用均由我司自行承担，禁止由供应商支付。
- 贵司与我司在商务接洽时，需全面接受我司《阳光廉洁协议》中的全部条款。

如发现我司员工存在"吃拿卡要"等不廉洁行为，请立即通过以下方式举报：一经查实，我司将严肃处理并给予供应商保护及奖励。

举报邮箱：×××@××。

廉洁诚信问题无大小，如违反上述要求将导致双方合作立刻终止，追究法律责任，并被列入我司对外公开的"黑名单"。

我是否已说清楚，并且贵司已知晓全部阳光廉洁要求？

请贵司代表在两份文件上签字，并备存一份。

请贵司陪审人员与我司审核小组手持阳光廉洁告知书合影。

（3）审核计划及日程安排（略）。

3.7.2　审核技巧：四不问四问

为了快速发现供应商的风险，审核人员要有4个动作：问、查、看、记。

- ▶ 问：向供应商提出有力的问题。
- ▶ 查：查证供应商的相关记录。
- ▶ 看：看供应商的实际操作。
- ▶ 记：将相关的证据与发现予以记录。

这四个动作中，"问"和"看"尤为关键。问要问出风险，看要看出问题，怎么问，才能问出风险？我们总结出"四不问四问"。

1. 四不问

（1）调查表里有的问题不要重复问。

如"有什么样的生产设备？""有哪些检测设备？""你们的客户有哪些？"这些问题在审核前的调查表中已被详细列出并要求供应商如实填写。如果企业在审核过程中仍反复询问此类问题，不仅浪费时间，还表明企业没做好供应商调查表的研读工作，也显示了审核人员专业度不高，易使供应商产生轻视心理。

（2）虚泛的问题不要问。

"如果我们的订单和竞争对手的订单发生冲突了，你们会优先保证谁?""你们是如何做质量管理的?"这类问题属于空泛的提问,通常只会得到供应商的口头承诺,类似于初次相亲便要求对方做出感情承诺,即使得到了答案,也毫无保证。

(3) ISO模块的问题不要问。

"你们的仪器是如何校验管理的?""不合格品是如何管理的?""设备是如何管理的?"此类问题直接指向 ISO9000 等标准体系。供应商只要通过了认证,都能够轻松回答:"我们有相关的管理办法,并有记录。"

(4) 封闭式的问题不要问。

"你们家有客诉吗?""你们有员工培训计划吗?""你们有进行工厂安全检查吗?"封闭式问题相当于告诉了供应商答案,供应商只需要回答没有或有,限制了获取供应商更深入信息的可能性,甚至逼着对方说谎。真实经历:

审核员问:"你们家有客诉吗?"

供应商回答:"没有。"

审核员:"不可能没有"。

供应商回答:"确实没有。"

最后通过仓库退货、制造返工记录查出确实有客诉,两边不欢而散。这个问题出在审核过程问了封闭式问题。

2. 四问

（1）以写供应商风险审核报告为目的来提问。

对供应商审核不是目的，而是要对供应商的风险做总体评估，判断能不能用、怎么用。很多企业在供应商审核过程中最大的问题是给每个项目打了分，但缺乏对风险的总体评估，也没有要求写各项风险评估报告。

（2）质量风险识别：围绕"人、机、料、法、环"问"不"。

"不"即是不合理、不正常。供应商的产品质量是由"人、机、料、法、环"这5大要素构成的，简称4M1E。现场质量审核的重点，应围绕"人、机、料、法、环"这条主线，找到关键影响要素。

人的"不"，问流失率。例如，询问质量经理，工作多长时间了？前任质量经理去哪里了？前任质量经理做了多长时间？如果前任质量经理升任公司高管，就可以认为这家企业的质量管理比较乐观。如果前任质量经理只做了很短的时间就被迫离职，现任质量经理接手时间也不长，那么有理由怀疑这家企业质量问题频发，质量经理工作不好干。此外，还需要关注生产线的员工和关键工序的核心员工流失率。可以与产线的员工聊聊工资，测试其满意度，再看员工的离职记录与离职访谈。如果人员不稳定，那么其产品质量也很难稳定。

机器的"不",主要问设备的非计划性维修情况。设备非计划性维修表明设备突然出了故障,围绕设备为什么会发生故障,故障前与故障后生产的产品是如何处置的,一直深挖下去,很多管理问题就会浮出水面。

材料的"不",主要问最近一年来主要物料出现的质量问题有哪些?如何进行纠正?以及如何预防再次发生?如果料是重要因素,应向上追溯,对上游供应商进行评审。如审胶囊厂,胶囊的产品质量主要受物料明胶的影响,所以审核胶囊厂时,还要对上游明胶供应商进行审核。

方法的"不",主要问最近一年发生的返工返修、客户退货,有多少是由于方法变更造成的?方法变更包括物料清单(BOM)变更、工艺变革、配方变更等。这些变更是否有明确的管控要求、验证要求?是否需要客户批准?为什么频繁发生变更?是否存在设计阶段的策划及验证不足等。

环境的"不",主要问最近一年发生的返工返修、客户退货,有多少是由于环境变更造成的?例如,有些产品的生产对于温度、湿度等有特定的要求,可以问温度是靠什么控制的?温控记录在哪儿?有没有预警装置等?预警会被谁发现?发现后怎么解决?当更换了产线,或是工厂装修,或是出现了地震、洪水等环境变化时,供应商是如何管理的?是否被记录或向客户申请批准?

（3）问客诉。

如果只问一个问题就能发现供应商的风险，这个问题就是客户抱怨，也就是客诉。因为已经发生在其他客户身上的悲惨遭遇，大概率也会发生在你身上。客户的抱怨是供应商最不愿意展示给客户看的，所以必须问得有技巧。

问关于质量方面客诉的技巧。

错误示范：

审核员："你们家最近有客户抱怨吗？"

供应商质量负责人："没有。"

审核员："企业不可能没有客户抱怨。"

供应商质量负责人："这个真没有。"

上述对话的问题在于，审核员在供应商很紧张的情况下，诱导供应商做出了不实回答。

正确示范：

审核员："几乎所有的企业都有客户抱怨，我司每年也会收到很多起抱怨，但我们的领导层认为有客户抱怨不可怕，利用好客户抱怨可以不断地改进自己的质量管理水平。我想了解一下，贵公司2024年1～6月，收到的客户质量抱怨中，排在第1位的问题是什么？"

供应商质量负责人："排在第1位的是色差。"

审核员:"排在第 2 位的是什么?"

供应商质量负责人:"是翘曲变形。"

审核员:"排在第 3 位的是什么?"

供应商质量负责人:"是熔接痕。"

审核员:"这三类缺陷是否占到了客户抱怨总量的 80%?"

供应商质量负责人:"还得加一个,溢边,也叫飞边、披锋。"

审核员:"好的,感谢您,您非常专业。可否把我们的客户抱怨处理记录拿给我看一下?"

供应商质量负责人:"好的。"

审核员翻阅客户投诉处理记录,主要看这些客诉重复发生的概率,以及供应商是如何做原因分析和纠正、预防的。

审核员与供应商质量负责人可以针对色差、翘曲变形、熔接痕、披锋这四类主要缺陷继续追问:

制造过程:为什么制造过程没能防止缺陷产生?

▶ 应用了防错技术并有相关的防错验证程序吗?

▶ 设备调整、物料处理、标签设置、操作指导都已经标准化了吗?

▶ 工模具都定期校正了吗?过程能力验证过吗?控制计划定期审核和更新了吗?

质量系统:为什么质量系统没能检查出缺陷,防止其流出?

- 制程检验:检验项目及标准有吗?
- 出货检验:检验项目及标准有吗?
- 抽验方式可靠吗?
- 检验指导书(SIP)更新了吗?
- 如何防止其后续不良品的再流出?

质量策划:为什么在产品质量策划过程没有预料到此类缺陷的发生?

- 顾客关注的产品关键特性识别了吗?
- 缺陷列表是否被作为输入并进行了预防?
- 失效模式与影响分析(FMEA)和控制计划为什么没有发现?
- 质量目标(PPM)及策划过程是否被更新?

(4)问交付。

1)不准交引发的客诉。要评估供应商交付风险,有效的提问应该从准交率开始;然后反推不准时交付的比率,再查为什么不准交。

审核员:"请问过去一年,贵公司A产品一共接到了多少笔客户订单?"

供应商交付负责人:"7000 笔左右。"

审核员:"7000 个订单准交率是多少?"

供应商交付负责人:"可以达到 98%。"

审核员:"98% 的准交率就意味着有 2% 不准交,即大概是 140(=7000×2%)笔不准交。不准交的最长延误天数是多少?"

供应商交付负责人:"7 天。"

审核员:"延误时客户一定非常着急,贵公司采取的措施是什么?"

供应商交付负责人:"我们首先向客户表示最真挚的歉意,然后会讲清楚这次交付不及时的原因。针对原因,内部会组织多部门的协同会议,研究是设计问题,还是质量批量问题,还是采购端的物料齐套问题,我们会一一进行分析,然后,快速组织相关人员进行解决。"

审核员:"好的。请把最近的客户延误处理流程及记录拿给我们。"

供应商交付负责人:"好的。"

2)瓶颈。

审核员:"生产该产品的瓶颈工序是哪个?"

供应商交付负责人:"我司瓶颈工序就是整机测试。"

审核员:"需要多长时间?"

供应商交付负责人："8个小时左右。"

审核员："好的，一天能产出多少台？"

供应商交付负责人："一天60台左右。"

审核员："一天60台，也就是一个月1800台左右的产能，那么当前的客户订单已经占了多少产能了？"

供应商交付负责人："我司客户订单一个月1200台左右。"

审核员："好的，我们的需求是每月1000台，这样你们产能差距是400台，针对产能差距，贵公司的改进计划是什么？"

- 贵公司接到订单后的流程是什么？
- 请提供最近3个月的生产计划与出货计划及实际记录。
- 出现异常时，贵公司的纠正与预防措施有哪些？

至此，审核员就可以初步撰写交付风险评估报告了。第一，大概有2%的概率不准交，大概会延误7天。供应商目前产能为1800台，已被客户订走1200台，如果不增加新产线，将无法保证我们每月1000台的需求。

3）5层追问。连问5个为什么。对每个问题都要打破砂锅问到底，因为只有连续问了5个为什么，才能突破表层的借口，追查到问题的根本原因。

3. 现场看"实操"

审核时不能只看供应商的规定，更要看实际操作。例如,关键工序、关键设备的点检表上会有人打钩签名,这时审核员不能只查核记录,更应该看其操作。

审核员:"请问这个是你做的点检表吗?"

签名人回答:"是的。"

审核员:"请问你点检过程一共花了多长时间?"

签名人:"20分钟左右。"

审核员:"麻烦你再帮我做一遍,一边做一边告诉我,哪些标准是合格的,哪些标准是不合格的。"

即使是世界500强企业,用这种方法去查核,也会发现诸多漏洞,主要因为制度、流程与实际执行"两层皮"。设计者的设计不合理,不具有可操作性,而记录者的发现无法执行,就直接选择打钩。这些问题就成为风险隐患与管理漏洞。

3.7.3 供应商风险评估报告如何撰写

审核的最后,要开始撰写供应商风险评估报告,风险评估报告主要分风险评估和审批/决策两个部分。

1. 风险评估

通常分以下五项进行风险评估。

- 质量风险。
- 交付风险。
- 成本风险。
- 合作（关系）风险。
- 财务/环保及其他风险。

各项目的审核负责人，就其负责的对应项风险进行总体评价，对具体风险进行描述和评估，并记录该项目中涉及的整改措施，便于后续跟踪。

2. 审批/决策

审批/决策分为以下三种情况。

- 同意：可直接引入。
- 有条件同意：需要整改完成后，才可引入。
- 不同意：不可引入。

以下为××供应商风险评估报告，如表3-11所示。

最后，没有完美的供应商，只有合适的供应商。所有的供应商都会有各种各样的问题，审核员应有能力对风险是否可控进行研判。供应商的评估就是要为企业找到满足发展需求、有价值、能长期合作的供应商伙伴。

表 3-11　××供应商风险评估报告

类目	内容
质量审核 风险评估	**总体评价：** 　　产品质量风险总体可控，具有良好的质量管理体系。 **风险评估：** 　　该供应商质量体系健全，通过了 ISO9000 认证体系，并且运行良好。该供应商人员比较稳定，5 年以上老员工占 80%，人员流失率很低。 　　体系方面，第三方审核机构与该供应商内审发现有如下问题： _____ _____ 　　以上问题与产品质量弱关联，且已整改完成。 　　在产品质量风险上，该供应商提供的产品有极大的可能性会出现色差、翘曲变形、熔接痕、披锋这 4 个方面的缺陷，目前发生的缺陷比率分别为 30%、21%、18%、15%。一旦此类问题发生，供应商的回复措施会是严加检查、加强品质意识培训，我们认为这些措施基本上是无效的。如果与该供应商合作，请我司的 IQC 团队必须对色差、翘曲变形、熔接痕、披锋这 4 个方面的缺陷进行重点检查；请我司的 SQE（供应商质量工程师）团队、技术团队对这 4 个方面的缺陷如何流出、如何产生及如何预防进行辅导，找到问题的根本原因，采取有效对策，且对 8D 问题解决法进行专题培训。如果以上问题能够解决，这家供应商具有 8% 的成本下降空间，采购部门与质量部门可做协同联动。 整改项：_____ **质量风险评估人：**　　xxx　　　**评估日期：20240830**
交付审核 风险评估	**总体评价：** 　　可用，准交率 98%，可将不准交的责任处理方式签署到合作协议中。 **风险评估：** 　　该供应商目前有 2% 的订单不准交，不准交的最长延误时间为 7 天。一旦发生延误，供应商会道歉，但补救手段比较匮乏，所以如果合作，该物料要适当备有安全库存才能覆盖风险。在合作前，需要引导供应商对交付能力进行分析与改善，找到问题发生的原因并采取有效整改措施。 整改项：_____ **交付风险评估人：**　　xxx　　　**评估日期：20240830**

（续）

类目	内容
成本审核风险评估	**总体评价：** 合格。 **风险评估：** 供应商当前次品率为0.15%，可接受。供应商的原材料从贸易商处购买，我司可发挥集中采购优势，可考虑为其在原材料层面实现成本降低。 **整改项：**＿＿＿＿＿＿＿＿＿＿＿＿＿＿＿＿＿＿ 成本风险评估人：　　xxx　　评估日期：20240830
合作（关系）审核风险评估	**总体评价：** 合格。 **风险评估：** 供应商价值观正向，对未来充满信心，并愿意为双方合作持续投入。 **整改项：**＿＿＿＿＿＿＿＿＿＿＿＿＿＿＿＿＿＿ 合作（关系）风险评估人：　xxx　评估日期：20240830
财务/环保及其他风险评估	**总体评价：** 合格。 **风险评估：** 供应商经营情况良好，财务状况稳健。环保方面未出现问题。 **整改项：**＿＿＿＿＿＿＿＿＿＿＿＿＿＿＿＿＿＿ 财务风险评估人：　　xxx　　评估日期：20240830
供应商引入审批/决策	
质量中心负责人（合格类&完成整改合格）	□同意　□有条件同意　□不同意　签批：
供应链负责人（完成整改合格&特批类）	□同意　□有条件同意　□不同意　签批：
总裁批准（特批类）	□同意　□有条件同意　□不同意　签批：
保存单位：采购中心；保存期限：3年	

学以致用

【学】请用自己的语言描述本章的要点。

_____

_____

_____

【思】描述自己企业的相关经验与本章对自己的启发。

_____

_____

_____

【用】

准备如何应用？希望看到的成果是什么？

_____

_____

_____

会遇到哪些障碍？

_____

_____

_____

解决障碍有哪些方法、措施、资源?

行动计划:

04
第4章

新产品导入：成功率与效率

供应商承认是供应商管理之屋的第2层地基，如图4-1所示，是承接供应商开发的下一重要环节。建立便捷的导入流程，通过样品、小批量、量产三阶段的分别评估，将新的合格供应商成功、高效地转化成实际生产力。

4.1 新产品导入关键问题与流程

4.1.1 新产品导入太慢

一些企业轰轰烈烈地进行供应商开发工作，但一到产品承认阶段就被卡住，项目一拖再拖，导致项目搁浅或需要再更换供应商，前功尽弃。这成了对国产化或替代开发成功抱有期待的采购心中的痛。

162 供应商管理：开发、评估、选择与绩效改进

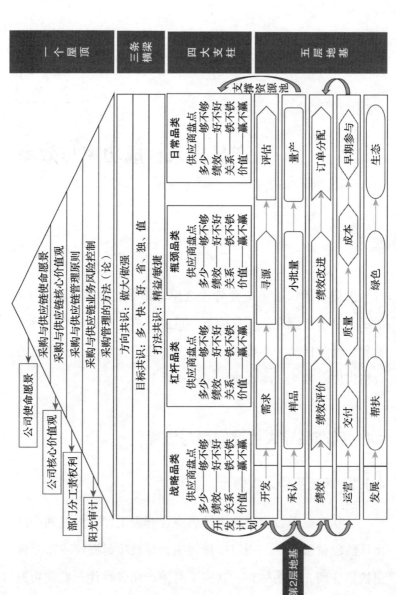

图 4-1 供应商管理之屋的第 2 层地基

在新产品导入时，有四个场景：

- ▶ 新项目、新部件、新供应商。
- ▶ 老项目、新部件、新供应商。
- ▶ 老项目、新部件、老供应商。
- ▶ 老项目、老部件、新供应商（包括国产化替代）。

例如，汽车行业新产品导入成功率较高，原因是汽车行业属于老项目、新部件、老供应商。采购方与供应方都有经验，很专业，又都通过了IATF16949或VDA汽车质量体系认证，所以对供应商而言，产品承认是例行作业。而其他行业没有那么成熟，只能在发展中建立自己的新产品导入系统。我们在做光伏设备企业的供应链顾问时发现，设备更新换代很快，很多都是0～1阶段，即新项目、新部件、新供应商。很多供应商以前并未涉足光伏行业，而是从半导体行业转过来的，而采购方的研发人员对新产品也在摸索，两边都没有行业经验。尽管新部件成功导入后，降本空间巨大，但往往需要数月才能得到承认。研发部门经常说供应商的技术不行，要求采购部门重新寻源，而采购部门则希望研发部门加快新产品承认进度。

下面是一次真实的产品承认场景，只做了姓名替换。

人物一：流量计供应商总经理，张博士。

人物二：设备研发工程师，王博士。

张博士、王博士都是工科博士，在各自领域都很专业。

背景：流量计供应商提供的流量计样品已经经过王博士3个多月的测试，一直没有答复。所以张博士前来拜访，以推动流量计的承认进度。

两位博士分坐会议桌两边，手边没有任何文件。

供应商张博士："王博士，前两个月送的样品，测的结果怎么样？"

研发王博士："那个样品不行，××指标超了。"

供应商张博士："超了多少？"

研发王博士："超了5%。"

供应商张博士："不可能啊，我们在家里测的都是合格的。"

研发王博士："我们这边实测不合格，你们要不回去看一下问题到底出在哪里。"

会议就这样结束了。

通过此次会议，可以得出如下结论。

（1）供应商送完样品，一直以为采购方工程师在检测。实际上采购方工程师由于项目众多，很可能回复得不及时，甚至有些根本没有检测，样品一直待在库房，而供应方则一直在等待，浪费了时间。这时谁在现场盯得紧，谁的项目就会优先处理。

（2）样品承认的全流程，采购方的要求与标准都很模糊，供应方没有提供自身样品的检测合格报告，双方空对空，导致效率很低。供应方可能会错失合作机会，采购方则可能会延误项目进度、拉高成本。

（3）质量部门没有参与相关的过程，供应方与研发部门直接对接，产品是否合格，研发工程师说了算。

产品承认进度慢，表面原因是跨部门不协作，或协作效率太低，深层的原因是在产品承认过程中的责、权、利不清晰。因为关系到降本，采购人员想要成果，所以采购部门一定会关心产品承认的过程，希望产品承认效率提高，快速完成。但在实际业务中，实际操作者不是采购人员，他们只是组织者。那么谁在做产品承认工作呢？初创企业产品承认负责人是研发工程师，先解决能不能用的问题；成熟企业产品承认负责人是质量工程师，比如汽车行业通常由专职的供应商质量工程师（Supplier Quality Engineer，SQE）来负责产品的承认。采购方必须书面明确当前阶段产品承认的责任部门，并确保责任部门的责权利统一，同时对其成功率和效率加以考核。

采购方要认清一个事实：与供应方相比，我方的技术人员往往并不专业，有时很难向供应商提供明确的技术标准和技术规格。这时即便供应方提出了一些很好的建议，我方的技术人员也可能不会采纳，无法充分发挥供应方的技术所长，更别提去复盘当下的问题，去做流程改进了。在供应方方面，在发现采购方的标准有问题时，因为担心采购方怀疑自己不专业，往往也不敢去提出疑问，两边信息沟通就像隔墙扔砖头，只管扔，不管对方接不接得住，从而显著增加了项目的风险。

如果没有向供应方提出关于产品导入的相关要求和流程，供应方可能只会提供样品而没有数据；或虽有数据，但数据不合格或造假，这都会给产品导入带来非常大的麻烦，也降低了产品导入的成功率与效率。

4.1.2 实践：建立简易新产品导入流程

为了提高新产品导入的成功率与效率，针对上述问题，需要建立一份针对供应商的简易新产品导入流程。

流程规定，研发工程师要填写表里空白的部分。详细内容如下。

尊敬的××公司供应商：

我司希望贵司设计与生产＿＿＿＿＿＿＿＿＿＿

（品类名）物料编码为：＿＿＿＿＿＿＿＿＿＿

该产品的使用场景与环境要求：

＿＿＿＿＿＿＿＿＿＿＿＿＿＿＿＿＿＿＿＿

关键尺寸与公差：

1._____

2._____

3._____

4._____

功能要求：

1._____

2._____

3._____

4._____

外观要求：

1._____

2._____

3._____

4._____

进度要求：

1. 202__年__月__日，提交设计样件（   ）件，并附带相关设计图纸（   ）张和《样件全功能全尺寸检查报告》（   ）份（见表4-1）。

2. 202__年__月__日，提交小批量生产样件（   ）个，并附带出货检验报告。

3. 过程当中有任何问题，请联系＿＿＿＿＿＿＿＿＿＿＿＿。

表4-1　样件全功能全尺寸检查报告

样品全功能全尺寸检查报告				报告编号：	
供应商名称		零件号			
检验部门		零件名称			
项目	尺寸/规范	供应商测量结果		测量工具与方法	合格/不合格
备注：					
编制：		日期：	审核：	日期：	
××公司工程师确认结论：			签名/日期：		

通过《样件全功能全尺寸检查报告》，明确双方对图纸规格的理解达成一致，同时了解了供应商的技术能力、设备能力、检测与实验的能力，提前预见到可能发生的问题。

4.1.3　采购方要提供给供应方的关键信息

要实现产品承认在采购方与供应方之间的闭环，就要进行需求与过程管理。要做到：我方有责任、供应方有回应。

尤其是在采购方方面，有责任向供应方提供以下关键信息：图纸、样品、关键特性及其说明、缺陷列表、质量目标，并进行技术交底活动。

- 关键特性及其说明是指要向供应方说明产品的使用环境、背景、关键特性要求。例如，家里装修时要向装修公司告知，家里有2～3岁的儿童，这时隐含的关键特性是家具等不能做成锐角，要有防跌倒的措施。
- 缺陷列表是指之前的供应方出现过的质量问题列表。如果没有缺陷列表，之前供应方犯过的错误，新供应方有可能会再犯一遍。采购方必须通过缺陷列表告知供应方，在做产品策划时，必须考虑这些问题的预防。
- 质量目标，即低于多少PPM（每100万个产品中允许出现的偏差值），如6西格玛是指3.4PPM，即每100万个产品中有3.4个偏差。质量目标不同，供应方策划的精细程度是不同的，同时质量目标对供应方成本结构也会有影响。
- 技术交底，来源于两部分：一是当提供图纸样品时，附带说明供应方哪些看不懂、哪些需补充、哪些有更好的建议，供应方应书面提出，采购方技术人员也应以书面回复。如果产品复杂度高，还会邀请供应方技术人员和质量人员进行线下交流,让供应方勘查现场与实物,进行答疑交流活动。采购方人员应做好会议纪要,以避免双方发生问题后互相扯皮抱怨。

这些要求,实际上可通过给供应方的新产品导入须知进行传递。

以下为供应方的新产品导入须知范例。

×××供应商:

本公司希望贵司设计和生产两极同轴式斜齿圆柱齿轮减速器零件。

1. 关键特性说明如下

工作寿命:10年,每年工作360天,每天工作16小时。

尺寸:我们将提供一个齿轮零件的样品,该样品为零件的真实尺寸要求。

- 齿轮装置的传递功率 $P1=40$ kW。
- 齿轮转速 $n1=1450$ r/min。
- 齿速比 $I=u=3.8$。
- 工作时载荷状态平稳,双向运转,结构紧凑等。

2. 缺陷列表说明

该产品在过往供应商供货过程中,曾出现过的缺陷或客诉。缺陷列表如表4-2所示。

表 4-2　缺陷列表

缺陷类别	缺陷描述	照片	来源	发生频度	不良后果	根因分析	改善对策

3. 进度要求

根据我方的开发速度，该产品的进度安排如下。

在××年×月×日，提交设计样件3个并附送相关设计图纸，设计样件全性能试验和全尺寸检验报告，其他按APQP（产品质量先期策划）手册进行。

××年×月×日，提交生产件50个并按PPAP（生产件批准程序）等级3附送相关资料。

4. 产能评估

如能获得批准，预计可获得年批量为10万件的订单（此为预估量，不作为正式商业承诺，请按此预估产能）。

技术交底：附表为技术交底页，如有以下问题，请附表书面提问：

该图纸或特性要求有哪些看不懂，需要我方解释。

需要补充哪些参数、规格？

有哪些更好建议?

贵司技术人员与质量人员是否有需要来我司进行技术交流。

希望贵司确认后,根据进度和要求安排相关的质量策划过程,以配合我方的工作。感谢贵司团队的大力支持!

×××公司

××年×月×日

4.2 供应商策划与产品批准

在收到采购方的产品资料后,供应商应向客户证明:

(1)供应商已完全理解所有采购方工程设计资料及制作要求。

(2)在实际的生产运作中,在规定的生产率下,供应商有潜力确保生产产品持续满足这些要求。

供应商证明材料包括产品质量先期策划和生产件批准程序,如表4-3所示。

表 4-3 证明材料

采购方	供应方
• 图纸 • 样品 • 关键特性及其说明（核心要求） • 缺陷列表（是教训） • 质量目标 • 技术交底	• APQP • PPAP，包含样品和全尺寸检验报告

4.2.1 供应商的产品质量先期策划

APQP即产品质量先期策划，是一种结构化方法，旨在定义和建立确保产品满足顾客所有性能和质量要求所需的步骤。在供应商内部，APQP可以促进与每个相关人员的沟通，以确保按时完成所有必需的步骤，从而实现：合理配置资源来满足顾客，促进及早识别所需的变更；提高新零件的首次合格率，以最低的成本按时提供优质的产品。

注意，因为每个客户和每次需求都不会完全相同，供应方自身也在持续改进，所以每个产品质量先期策划都是独一无二的。

在各行业中，汽车行业因安全性的要求提倡零缺陷，并且由于大批量生产，倡导精益生产。因此，对供应商的物料要做到免检上线，必须保证在策划阶段就要按质量目标做好失效模式的分析，并通过预防及过程能力保证后续即使免检也不会出现质量问题，所以非常重视先 APQP。目前 APQP 2024 最新版已于 2024 年 3 月 1 日生效。

汽车行业的 APQP 关键阶段要求供应商分为策划、产品设计和开发、过程设计和开发、产品与过程确认、生产以及反馈、评定和纠正措施等多个阶段（见图 4-2）。

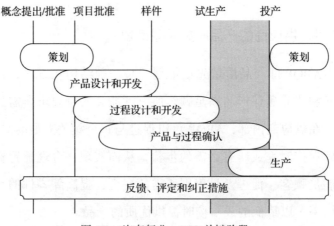

图 4-2　汽车行业 APQP 关键阶段

以下是一家供应商的 APQP 工作范例表（见表 4-4），供应商建立跨部门的 APQP 小组，包括质量、技术、业务、财务、采购、生产、顾客代表、供应商代表等人员参加。小组根据 APQP 手册的指引，将本项目进行工作分解，即分解成需开展的工作（活动）。

表 4-4　某供应商的 APQP 工作范例表

序号	任务		质量部成员	技术部成员	业务部成员	财务部成员	采购部成员	生产部成员	顾客代表	供应商代表
1.1	信息收集				●				●	
1.2	产品信息报告	产品/过程指标的设定		●						
1.3		产品可靠性研究与分析	●							
2.1		设计目标和可靠性目标设定		●						
2.2		初始材料清单		●						
2.3		初始过程流程图		●						
2.4	特殊特性确定并形成初始清单		○	●	○					○
2.5	产品保证计划（包括初始产品标准）			●						
2.6	项目确定评审		○	●	○	○	○	○	○	○
3.1	设计失效模式和影响分析（DFMEA）			●						
3.2	设计评审			●						
3.3	设计验证			●						
3.4	样件控制计划		●							
3.5	样件制造							●		
3.6	设计图纸			●●						
3.7	产品标准			●						
3.8	材料技术规范			●						
3.9	模具计划			●						
3.10	特殊特性清单			●						
3.11	平行度测量装置		●							
3.12	小组可行性评审及承诺		○	●	○	○	○	○	○	○
4.1	整体包装规范			●						
4.2	单件包装规范			●						
4.3	过程流程图			●						

(续)

序号	任务	质量部成员	技术部成员	业务部成员	财务部成员	采购部成员	生产部成员	顾客代表	供应商代表
4.4	场地平面布置图						●		
4.5	特性矩阵图		●						
4.6	过程潜在失效模式及影响分析（PFMEA）						●		
4.7	试生产控制计划		●						
4.8	过程指导书		●						
4.9	测量系统分析计划	●							
4.10	初始过程能力研究计划	●							
4.11	过程设计完成评审	○	●	○	○	○	○	○	○
5.1	试生产						●		
5.2	测量系统分析	●							
5.3	初始过程能力研究	●							
5.4	生产确认试验（型式试验）	●							
5.5	包装评价和试验	●							
5.6	生产控制计划		●						
5.7	APQP 总结		●						
5.8	PPAP 提交		●					●	

注：标●为主要负责，○为配合。

在新兴行业和高速增长的行业中，供应商可能尚未完全成熟，但也可以让供应商做质量策划工作，只是未必照搬汽车行业要求，而是根据采购方实际状况及供应商的成熟度，做质量策划的简化版本。以下是一家企业对供应商产品质量策划要求的简易版本，可供非汽车行业参考。

（1）供应商在与企业签订新产品的开发协议及技术、质量协议后，必须预先开展产品质量先期策划工作，并及时编制控制计划，报本企业核准。

（2）产品质量先期策划是对整个开发过程的总体策划，至少要涵盖以下内容。

- ▶ 供应商为本企业新开发的产品清单。
- ▶ 生产进度计划表。
- ▶ 产品图纸/标准清单。
- ▶ 工艺流程图。
- ▶ 试生产控制计划。
- ▶ 零部件/材料清单。
- ▶ 设备、工装、模具清单。
- ▶ 专用检具、检测设备清单。
- ▶ 产品PPM目标值。

（3）供应商编制的控制计划必须概括所供产品所有的检验和控制手段，按最低要求应考虑以下内容。

- ▶ 被控制的工艺过程阶段。
- ▶ 零件/过程编号。
- ▶ 过程名称/操作说明。
- ▶ 机器/设备/夹具/工装。
- ▶ 产品/过程特性。

- ▶产品/过程规范/公差。
- ▶评价/测量技术。
- ▶样本容量/频次。
- ▶控制方法。
- ▶反应计划。

控制计划（见表 4-5）是整个供应商产品质量管理的核心，也是向采购方证明自身产品质量先期策划的重要产出。

表 4-5　控制计划

□样件　　□试生产　　□生产　　□安全投产

控制计划编号	主要联系人/电话	日期（初始）	日期（修订）
零件编号/最新更改等级	主要联系人/电话	顾客工程批准/日期（如要求）	
零件名称/描述	组织/工厂/批准/日期	顾客质量批准/日期（如要求）	
供应商/工厂	其他批准/日期（如要求）	其他批准/日期（如要求）	

零件/过程编号	过程名称/操作说明	制造用机器/设备/夹具/工装	特性			方法				反应计划	
			编号	产品	过程	特殊特性分类	产品/过程规范/公差	评价/测量技术	抽样 || 控制方法	措施	责任人
									样本容量	频次			

4.2.2 供应商的生产件批准程序

PPAP 即生产件批准程序，目的是向采购方提供证据，确定是否正确理解了采购方工程设计记录和规范的所有要求。在实际生产过程中，依报价时的生产节拍，持续生产满足采购方要求产品的潜在能力，以期获得采购方的批准。汽车企业要求供应商提交的文件表，如表 4-6 所示：

表 4-6 供应商提交文件表

序号	文件
1	可销售产品的设计记录
2	有专利权的零部件 / 详细数据
3	所有其他零部件 / 详细数据
4	工程更改文件（如果有）
5	采购方工程批准（如果要求）
6	DFMEA
7	过程流程图
8	PFMEA
9	控制计划
10	测量系统分析研究
11	全尺寸测量结果
12	材料、性能试验结果
13	初始过程研究
14	合格的实验室文件
15	AAR（Approval Authority Report，外观批准报告）(如果适用)
16	生产件样品
17	标准样品
18	检查辅具

(续)

序号	文件
19	符合采购方特殊要求的记录
20	PSW（Parts Submittal Warranty，零件提交保证书）
21	散装材料检查表

供应商提交的文件，共分 5 个提交等级。

▶ 等级 1：只向采购方提交保证书（对指定的外观项目，还应提供一份外观批准报告）。

▶ 等级 2：向采购方提交保证书和产品样品及有限的支持数据。

▶ 等级 3：向采购方提交保证书和产品样品及完整的支持数据。

▶ 等级 4：提交保证书和采购方规定的其他要求。

▶ 等级 5：在供应商制造现场保留保证书、产品样品和完整的支持性数据以供评审。

按 5 个等级，分为 S、R、※ 三种保存或提交方式，供应商提交文件 5 个等级如表 4-7 所示。

▶ S= 供应商必须向采购方提交，并在适当的场所保留一份记录或文件副本。

▶ R= 供应商必须在适当的场所保存，并应在采购方有要求时易于得到。

▶ ※ = 供应商必须在适当的场所保存，并在采购方有要求时提交。

表 4-7　供应商提交文件 5 个等级

序号	要求	等级 1	等级 2	等级 3	等级 4	等级 5
1	可销售产品的设计记录	R	S	S	※	R
2	有专利权的零部件 / 详细数据	R	R	R	※	R
3	所有其他零部件 / 详细数据	R	S	S	※	R
4	工程更改文件（如果有）	R	S	S	※	R
5	采购方工程批准（如果要求）	R	R	R	※	R
6	DFMEA	R	R	R	※	R
7	过程流程图	R	R	S	※	R
8	PFMEA	R	R	R	※	R
9	控制计划	R	R	R	※	R
10	测量系统分析研究	R	R	R	※	R
11	全尺寸测量结果	R	S	S	※	R
12	材料、性能试验结果	R	S	S	※	R
13	初始过程研究	R	R	S	※	R
14	合格的实验室文件	R	S	S	※	R
15	AAR（如果适用）	S	S	S	※	R
16	生产件样品	R	R	S	※	R
17	标准样品	R	R	R	※	R
18	检查辅具	R	R	R	※	R
19	符合采购方特殊要求的记录	R	R	R	※	R
20	PSW	S	S	S	S	R
21	散装材料检查表	S	S	S	S	R

其中对生产件样品要求如下。

▶ 生产件取自有效的生产批次。

▶ 1 ～ 8 小时的量产。

- 采用正式生产所用的工装、量具、过程、材料和操作人员。
- 连续生产数量至少为 300 件,除非授权的采购方代表另有规定。
- 可重复的装配线和/或工作站、一模多腔的模具、成型模,工具或模型的每一个位置,都必须测量,并对代表性零件进行试验。

非汽车行业,但生产批量较大的企业,会要求供应商提交仕样书,仕样书(又称承认书,见表 4-8)包括以下内容。

表 4-8 仕样书

类目	内容
客户图纸	确保供应商用的版本与客户一致
全尺寸检测报告	全尺寸报告,且尺寸要全部合格
功能及信赖性测试报告	针对功能或信赖性的测试,要有图示,且数值合格
CPK 值(Center Line Process Capability Index,过程能力指数)(A、B 类产品要提供、C 类可按产品选择是否提供)	过程能力满足技术标准(例如规格、公差)的程度,在一定时间内,工序保证质量的能力,CPK 值越大表示品质越佳,要在 1.33 以上
SOP(Standard Operation Procedure,作业标准书)	即供应商的产品生产作业规范,要求必须是盖章版本,这对积累行业经验是非常重要的文件
包装规范及测试报告	至少包括跌落试验及运输模拟试验,保证物流运输过程不出产品质量问题
SIP(Standard Inspection Procedure,标准检验指导书)	即品质工程师所做的针对产品进料、制程、成品所做的标准检验指导及标准,包括检验方法,工具/设备,抽样标准,缺陷判断定义

(续)

类目	内容
QCP（Quality Control Plan，质量控制计划）或 QC（Quality Control，质量控制）工程图	用于确保生产过程中生产的产品符合规定的标准和要求，包含从原材料到制造到最后产品的过程控制与检验方法与手段，确保每个环节都能满足规定的质量标准
其他要求	如材质要求、禁用物资

还有些行业呈现多品种、小批量的特点，比如有些大型设备公司，可能订单量都达不到 300 件，且单价较高，不适用汽车行业的生产件批准流程。这时要建立简易流程，以下是某重工企业的例子。

××重工有限公司 生产件批准流程：

1. 签订开发协议和质量、技术协议

经本公司选择审批通过后，双方签订开发协议和质量、技术协议，并由本公司采购科提供相应的正式试制用图及相关标准，备选供应商按要求组织样件试制。

2. 样品送样及评价

2.1 备选供应商按预定计划向本公司免费提供每次不少于三件合格的委托开发产品样件，并随附全尺寸检验报告和相关的检测、试验报告。

2.2 本公司品管科对样品按级别进行相应的物理、理化、性能试验和尺寸检验，并出具检验和试验报告，对其做出初步评价。

2.3 本公司技术科根据品管科出具的检验和试验报告,对样品的合格与否进行判定,并对其工艺水平、外观、关键尺寸等进行综合评价。

2.4 样品评价完成,由本公司采购科、品管科、技术科共同填写"样品认定申请单",同时向备选供应商通报评价结论。

2.5 样品评价结论为不合格者,备选供应商应按本公司的整改要求,重新组织送样,并由本公司进行再评价。对同一产品提供的样品连续三次评价不合格者,取消其备选资格。

3. 小批试制

3.1 样品评价合格后,供应商按本公司采购科下达的小批要货计划组织试生产,并按以下条件进行小批试制:

(1) 试生产工艺、检验文件及工装、刀、刃、量、检具已基本具备(工艺装备配置应达到80%以上)。

(2) 提交的综合检具已经本公司品管科检测合格。

(3) A级件产品的可靠性试验报告已符合本公司的要求。

3.2 对于A级件、B级件,在小批试制过程中必须分两批供本公司进行产品试装,其数量分别是:第一批50~200台套,第二批200~500台套。

4. 量产前现场评审

4.1 量产现场评审前,供应商必须根据小批试制及产品试装反馈信息进行整改,并根据提供产品的重要度,向本公司提交以下不同等级产品 PPAP 批准资料,如表 4-9 所示。

表 4-9 不同等级产品 PPAP 批准资料表

序号	要求	提供产品重要度等级		
		A 级	B 级	C 级
1	零件提交保证书	√	√	√
2	证明产品实行过程质量稳定的相关文件,如 CP(过程能力指数)、FMEA 和检验规范	√	√	
3	材料、性能试验结果	√	√	
4	尺寸结果	√	√	
5	样品产品(新产品试制)	√	√	√
6	专用检具(公司需要时)	√	√	

产品重要度定义:根据产品在实际使用过程中,其质量水准对整车安全性能、使用性能造成不同程度的影响,将产品分为安全件(A级)、重要件(B级)、普通件(C级)。产品重要度分级按照下列原则在图纸及其他技术文件中标出。

- 安全件(A级):指零件、部件或总成的一项或多项质量特性,在发生功能性缺陷或故障的情况下,将直接影响整车安全性能,或产品在未得到有效保证前提下,将导致人身安全事故。

- 重要件(B级):指零件、部件或总成的一项或多项质量特性,偏离技术规定后,将造成整车使用功能的下降或重大经济损失。

- 普通件（C级）：指零件、部件或总成的质量特性偏离技术规定后，将造成在整车使用时一般性功能缺陷或故障。

4.2 在供应商按时提交规定的PPAP批准资料后，本公司组建供应商评审小组到供应商生产现场进行现场量产评审，主要评审供应商的技术文件、外协件的控制与检验、内部加工过程控制、出厂成品质量控制及生产能力保证等方面。

4.2.3 产品导入

采购方通知供应商关于提交的处理结果，而供应商则在生产件批准之后，必须保证生产持续满足采购方的所有要求。处理结果可分为批准、临时批准、拒收三种结果。

（1）批准。

- 满足采购方所有的要求。
- 授权供应商根据采购方计划安排按批量发运产品。

（2）临时批准。

- 在有限的时间或零件数量范围内，提供生产需要的材料。
- 已明确了影响批准的不合格的根本原因，且准备了一份采购方同意的临时批准计划。
- 若要获得"完全批准"，需要再次提交PPAP。

▶ 若没能按截止日期或规定的发运量满足已由采购方同意的措施计划，则仍会被拒收。

▶ 如果没有同意延长临时批准，则不允许再发运。

（3）拒收。

▶ 不符合采购方的要求。

▶ 按批量发运之前，必须提交和批准已更改的产品和文件。

经现场评定，审批通过后推荐为合格供应商，且提交的PPAP资料已获批准的，由本公司采购部门填写"供应商确定审批表"，并经品管部门、技术部门、采购部门会签后报总经理审批。

推荐的供应商经总经理审批通过后，由本公司采购部门将之列入合格供应商名册，并向供应商发出认定通知。同时签订批量供货合同，纳入正常管理范畴。

这时采购部门就可以给供应商下批量订单了，但要切记：

给供应商下订单，要考虑供应商的产能爬坡，尽早发现产品质量风险。因此，一个批量订单要以分批、批量逐渐加量的方式下单，比如数量为1500件的订单，可以拆分为100、200、400、800，这时如果有质量问题，在交付100件订单时就会发现，可以及时整改，使双方损失最小化。而企业的质量部门，要按4M1E（人、机、料、法、环）的变动程序，对新物料上线进行跟踪，实现闭环控制。这时产品导入的成功率与效率才能得到保证。

学以致用

【学】请用自己的语言描述本章的要点。

【思】描述自己企业的相关经验与本章对自己的启发。

【用】
准备如何应用？希望看到的成果是什么？

会遇到哪些障碍？

解决障碍有哪些方法、措施、资源?

行动计划:

05
第 5 章

供应商绩效评价与改进

供应商绩效是供应商管理之屋的第 3 层地基,如图 5-1 所示,是供应商管理工作的晴雨表和催化剂。建立供应商绩效评价、绩效改进和关联订单分配机制,形成绩效闭环,可以帮助团队高效、有力地推动供应商绩效的改善。

5.1 供应商绩效考核的误区

管理学大师彼得·德鲁克曾说过:"没有考核,就没有管理。"对已合作的供应商进行绩效考核,可以掌握现有供应商的绩效表现,引导并促进供应商改进绩效,有效激励供应商,同时实现供应商资源池的优选。

第5章 供应商绩效评价与改进 191

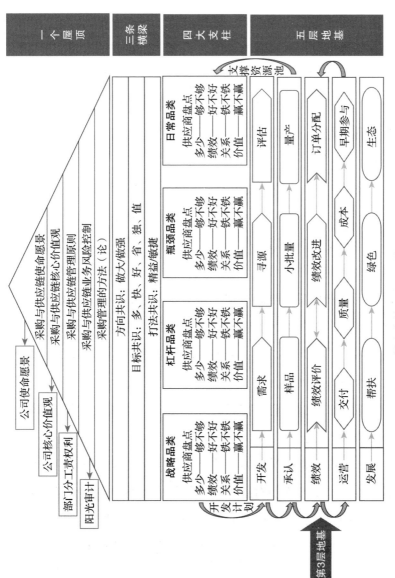

图 5-1 供应商管理之星的第 3 层地基

但我们在实践中看到，不是所有企业都能建立有效的供应商绩效考核体系，有些企业花时间、花资源建立起的供应商绩效考核体系，在运作中并未产生正向作用与效果，导致其他部门质疑其合理性、科学性与实用性，最后这套体系沦落为管理花瓶：有，但无用。下面通过三个真实企业案例来说明。

案例1：供应商一发生问题，就是罚款、停止供货。

A企业只要一发生质量或交期问题，就要求采购人员向供应商索要罚款，而采购人员能不能执行罚款，取决于未来是否会长期合作，以及供应商是不是个"软柿子"。客户经常将问题直接反映给总经理，而不是质量部门。总经理非常重视客诉，一接到客诉就通知开会，会上先是批评采购与质量部门，甚至直接指示：采购部门立即停止这家供应商的供货，重新开发供应商。

案例2：供应商最在意的订单分配，是由一个采购助理决定的。

B企业是高速增长的科技企业，某品类引发的质量客诉居高不下，质量部门对客诉最多的供应商开展辅导，但效果一直不明显。作为顾问，我的第一个问题是：既然这家供应商的客诉长期居高不下，减少客诉最有效的策略不应该是减少或停止这家供应商的订单，将订单转移给质量好的供应商吗？第二个问题是：谁决定给这家供应商下订单的？发现是采购部的一个采购助理决定的。采购助理根据什么决定给哪家供应商下订单？一问才知：采购助理从刚接手该工作就是给这家供应商下订单，所以现在只要一有订单，就按惯例直接下给这家供应商。

案例3：企业上了供应商关系管理系统（Supplier Relationship Management，以下简称SRM系统），绩效评价却混乱了。

C企业是知名通信企业，供应链负责人和我沟通，希望能给管理层与各部门负责人做"供应商绩效评价"的内训，这本是很正常的需求，但奇特的是这个内容要讲4天。于是我询问C企业是不是遇到了什么现实问题。原来C企业曾出现腐败问题，为避免人为分配订单，企业花重金上了SRM系统，管理层要求绩效考核要覆盖所有的供应商，考核指标要量化、系统打分。SRM系统上线运行3个月后，供应链部门发现出了大问题：一些原本实力弱、边缘性的供应商分数遥遥领先，系统评定为最优供应商，应加强合作，给予更多订单。一些原本实力很强、核心的供应商，却被系统评定为最差供应商，按管理要求，面临淘汰。面对这样的结果，供应链部门不知道该如何处理：如果人为修正，担心管理层认为是人为干预，不修正则会影响正常的业务。所以才希望外来的老师给予诊断指导，让绩效评价正确反映供应商的实际能力和表现，不影响业务的正常运转，让管理层放心。

这三个案例，反映了供应商绩效考核的误区与三家企业管理水平的层级。

案例1中的A企业，没有建立供应商绩效考核体系，企业处理供应商问题简单粗暴，只是简单的罚款或换掉，执行的人痛苦，供应商也很无奈。企业把所有发生的问题，皆归因于供应商，不反思自己企业的理念问题、管理问题。人们常说，成功的人找方法，失败的人找借口，成功的企业通常在自己身上找原因，而失败的企业经常抱怨伙伴、让供应商"背锅"。在自己身上找原因，则能帮助企业建立长久发展的绩效考核体系，系统地解决问题。反之，简单粗暴、临时"救火"，容易出现"错杀"。应急去处理个性化问题，则会造成更大的混乱。

案例2中的B企业有绩效考核体系，但未与供应商奖惩建立关联，尤其是供应商最在意的订单分配，不是按供应商的绩效，而是按经办人的惯例或意愿分配的。这种做法明显背离了公平公正，会导致劣币驱逐良币。质量差的供应商，不觉得质量有多重要，因为质量不好客户仍会下订单，它们认为质量问题是可以被包容的。而其他供应商发现，自己做得好也没有更多订单，竞争对手做得不好仍不断拿到订单，于是可能会效仿。在这种情况下，一方面未能形成对供应商的有效指引，另一方面也容易让人质疑有暗箱操作、有利益链条的黑幕。

案例3中的C企业是要建立考核与奖惩的联动机制，但缺少以供应商分类管理为前提的方法论。试想一下，如果用一套考核方案，如历年期末考试的平均成绩，来考核小学生、中学生和大学生，再按考核结果分配工作，一定会出大问题。通常谁分数最高？是小学生，因为是基础知识，容易得满分，但无法有效工作。而大学生，因为知识的难度、广度都大，很难得高分，反而要放弃，这明显不合理。C企业试图用一套方法考评所有供应商，注定会遇到现实中的混乱。

在盘点供应商资源池时，我们根据卡拉杰克模型把供应商分成了四类：战略类、瓶颈类、日常类、杠杆类。供应商分类–卡拉杰克模型如图5-2所示。

日常类供应商，往往数量众多，但供货频次低、产品比较简单。几次供货合格，绩效考核就会评定为优秀供应商，按规定应该给予更多订单，但这类供应商供给的不是关键物资，且同类供应商众多，如果出现供货不良的现象，我方直接换掉即可，考核价值不大。所以，对于日常类供应商不需要做绩效考核。

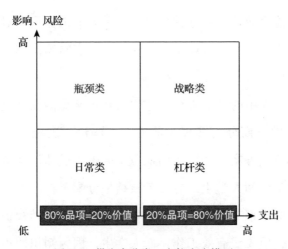

图 5-2 供应商分类 – 卡拉杰克模型

瓶颈类供应商，由于市场稀缺性，在供应商关系中占据强势地位。即使评价后不符合我方要求，仍要继续使用，很难替换掉，所以我们把这类供应商视为客户。对于这类供应商，要像维护客户关系一样维护与它们的关系。因此，对于瓶颈类供应商也不需要做绩效考核。

真正要做绩效考核的供应商只有两类：一类是战略类供应商，另一类是杠杆类供应商。

其中，战略类供应商，因与我方业务联系紧密，要参与新产品创新、要多次送样，做得越多错的可能性就越大，它们的考核分数一般会很低。所以，对战略类供应商要更包容，更加关注其发展潜力与价值贡献。而杠杆类供应商因为支出大，可选供应商较多，可以执行更严格的质量绩效考核与交付绩效考核。

所以，供应商绩效考核，要想取得理想效果，应先对供应商进行分类，针对不同的类别设计不同的考评方法，制定对应的方案措施。

通过以上案例可以看出，供应商绩效考核是供应链管理中至关重要的环节，它直接影响企业与供应商之间的合作关系，以及整个供应链的稳定性。只有建立科学的供应商绩效考核机制，不断提升评价的公正性和有效性，奖罚分明，才能促进供应商与企业合作的持续稳定，才能建立互利双赢的合作关系。持续监测与评价供应商的绩效，共同推动供应链的优化与升级，提升供应链的整体效率和竞争力，可以帮助企业实现长期的业务增长和强化竞争优势。

5.2 供应商绩效考核的设计与实践

如何设计供应商绩效考核方案？有些企业的做法是这样的：

为了加强供应商合作关系，不断提升供应商体系的保障能力，企业建立并实施供应商绩效考核标准（见表5-1），定期对供应商的供货质量、交付、成本、服务等进行综合评价及分级,该绩效评价结果作为年度供应商评定及今后供应商定位的主要依据之一。评价模块分为:质量、交付、成本和服务四个维度。

表 5-1 供应商绩效考核标准

序号	评价模块	评价方式	权重	绩效考核频率
1	质量	定量	40%	季度/月度
2	交付	定量	30%	季度/月度
3	成本	定量	20%	季度/月度
4	服务	定性+定量	10%	季度/月度

该方案包含评价模块、评价方式、权重和绩效考核频率,初看是齐备的、合理的,但在实际应用中,缺少了供应商类别的界定。我们要考核战略类与杠杆类供应商,为了更容易量化,对战略类与杠杆类供应商资源池再进行分类,分类的依据是供应商与我们公司战略之间的联系,即供应商战略潜力。供应商战略潜力可以通过以下公式来展现:

$$战略潜力 = 重要度 \times 创新力 \times 协同性$$

重要度指供应商的产品对我司业务、产品或服务的重要性与价值贡献度,比如电池、芯片对新能源汽车来说,具有重要的技术、成本与质量优势。

创新力指供应商是否拥有带来实质性突破的创新能力,如拥有独有的专利技术或管理系统,使其居于行业领先地位。

协同性指是否具有互补性,能够有效协作,产生乘法效果。

依据战略潜力,将战略类与杠杆类供应商分成3类——战略类、合作类与一般类,可以理解成大学组、中学组与小学组,不同组的考核方式是不同的。

下面以某家电企业的供应商评价指标为范例,包括战略类供应商评价指标范例(见表5-2)、合作类供应商评价指标范例(见表5-3)、一般类供应商评价指标范例(见表5-4),该企业对每类供应商进行了不同的评价指标设计,并对评价领域、评价项目、内容、权重、评价周期、能力/表现、定量/定性、系统评价这8个维度进行了全面的说明,可以当作范本参考。但要说明的是,不建议照搬,因为每家企业的发展阶段不同、行业不同、面临的关键任务不同,所以必须根据自己的实际状况进行调整。而且供应商绩效评价是一个动态、持续的过程,企业每年都要根据自身需求和市场环境的变化灵活调整评价策略,建立科学、公正的评估机制,以适应不断变化的市场环境和业务需求。

为了更好地判定供应商等级,我们对三类供应商的评价指标权重进行对比,如表5-5所示。

表 5-2 战略类供应商评价指标范例

评价领域	评价项目（21）	内容	权重	评价周期	能力/表现	定量/定性	系统评价
管理（10%）	信用评价等级	用信用评价机构的评价资料和信用等级评价	4%	Y	能力	定量	
	环境安全评价	是否以合法方式在指定场所保管或处理污染物/危险物	3%	Y	能力	定性	
	ESG	供应商伦理经营方针的参与度评价（签订契约/参与伦理经营教育等）	3%	Y	表现	定性	
技术（25%）	新品开发样品检验比率	新品样品按时出具检验比率 = 检验的样品数/生产的总样品数 × 100%	5%	Q	表现	定量	
	技术能力评价	能否根据自身技术的路标图，在竞争中保持自身技术	5%	Y	能力	定性	
	研发投资权重	研发投资比率 =（研发投资额/年销售额）× 100%	5%	Y	能力	定量	
	生产效率管理	生产目标设定/表现分析等生产效率性管理程序水平	5%	Y	能力	定性	
	研发人数比率	（研发人员数量/总员工数）× 100%	5%	Y	能力	定量	
质量（30%）	内部质量管理	质量检测的规定水平/组织/执行	8%	H	能力	定性	
	市场反馈	材料不合格市场退货率		M	表现	定量	
	在线合格率	一定时期内的 PPM 不合格率以及批量不合格率	22%	M	表现	定量	
	入厂检验合格率	（合格批次数/检查批次数）× 100%		M	表现	定量	

成本 (20%)	成本管理体系	有无成本削减体系以及根据标准的成果分析管理	4%	Y	能力	定性
	成本降价率	[(前期供应价格 - 谈判价格)/前期供应价] × 100%	6%	M	表现	定量
	新品价格合理性	对本企业目标价的支持程度和竞争力水平	4%	M	表现	定量
	成本价低额	(全年度平均单价 - 评价时点单价) × 发货数量	6%	M	表现	定量
交货 (5%)	交货管理体系	交货相关管理程序水平	2%	Y	能力	定性
	交货准确性	(月T-1①不到位批次的相应采购金额/供应商在搜购组中月采购总额) × 100%	3%	M	表现	定量
协作 (10%)	开发应对能力	对支持本企业技术要求事项以及为了满足交付需要遵守要求事项的反时性和资额程度	3%	H	表现	定性
	采购合作程度	对付款/交货/市场信息等要求事项的协作程度	4%	H	表现	定性
	质量合作程度	纠偏反馈,9S 合格完成率	3%	M	表现	定量

① "月 T-1" 指的是前一个月。

表 5-3 合作类供应商评价指标范例

评价领域	评价项目（13）	内容	权重	评价周期	能力/表现	定量/定性	系统评价
管理（10%）	信用评价等级	用信用评价机构的评价资料和信用等级评价	4%	Y	能力	定量	
	环境安全评价	是否以合法方式在指定场所保管或管理污染物/危险物	3%	Y	能力	定性	
	伦理经营	供应商伦理经营方针的参与度评价（签订契约/参与伦理经营教育等）	3%	Y	表现	定性	
质量（20%）	市场反馈	材料不合格市场退货率		M	表现	定量	
	在线合格率	一定时期内的 PPM 不合格率以及批量不合格率	20%	M	表现	定量	
	入厂检验合格率	（合格批次数/检查批次数）× 100%	15%	M	表现	定量	
成本（35%）	成本降价率	[（前期供应价格 − 谈判价格）/ 前期供应] × 100%	15%	M	表现	定量	
	新品价格合理性	对本企业目标价的支持度和竞争力水平	5%	M	表现	定量	
	成本价低额	（全年度平均单价 − 评价时点单价）× 发货数量	15%	M	表现	定量	
交货（20%）	交货管理体系	交货相关管理程序水平	5%	Y	能力	定性	
	交货准确性	（月 T-1①不到位批次的相应采购金额/供应商在搜购组中月采购总额）× 100%	15%	M	表现	定量	
协作（15%）	采购合作程度	对付款/交货/市场信息等要求事项的协作程度	8%	H	表现	定性	
	质量合作程度	纠偏反馈，9S 合格完成率	7%	M	表现	定量	

① "月 T-1" 指的是前一个月。

表 5-4 一般类供应商评价指标范例

评价领域	评价项目（11）	内容	权重	评价周期	能力/表现	定量/定性	系统评价
管理（10%）	信用评价等级	用信用评价机构的评价资料和信用等级评价	4%	Y	能力	定量	
	环境安全评价	是否以合法方式在指定场所保管或管理污染物/危险物	3%	Y	能力	定性	
	伦理经营	供应商伦理经营方针的参与度评价（签订契约/参与伦理经营教育等）	3%	Y	表现	定性	
质量（25%）	市场反馈	材料不合格市场退货率	25%	Q	表现	定量	
	在线合格率	一定时期内的PPM不合格率以及批量不合格率		Q	表现	定量	
	入厂检验合格率	（合格批次数/检查批次数）×100%	18%	Q	表现	定量	
成本（35%）	成本降价率	[（前期供应价格－谈判价格）/前期供应]×100%	17%	Q	表现	定量	
	成本价低额	（全年度平均单价－评价时点单价）×发货数量	25%	Q	表现	定量	
交货（25%）	交货准确性	（月T-1①不到位批次的相应采购金额/供应商在搜购组中月采购总额）×100%	3%	Y	表现	定量	
协作（5%）	采购合作程度	对付款/交货/市场信息等要求事项的协作程度	2%	Q	表现	定性	
	质量合作程度	纠偏反馈、9S合格完成率		Q	表现	定量	

① "月T-1"指的是前一个月。

表 5-5　三类供应商评价指标权重对比

	管理	技术	质量	成本	交货	协作
战略类	10%	25%	30%	20%	5%	10%
合作类	10%	/	20%	35%	20%	15%
一般类	10%	/	25%	35%	25%	5%

相比传统的供应商 QCDS（Quality，质量；Cost，成本；Delivery，交货；Services，协作）的考核，该考核方案有如下不同：战略类供应商增加了管理（10%）、技术（25%）项目，交货的权重减少到 5%，突出了战略类供应商技术创新与质量的导向，而合作类与一般类供应商都没有技术指标的考核，而将成本作为重要的指标，其次是质量与交货。而一般类供应商协作指标的权重更小，因为一般类供应商普遍具有协作的优势，协作反而不是重要的评价项目。

供应商等级确定方法：通过对供应商各项绩效进行评价统计，我们能得到供应商的分数，再结合公司供应商管理的现状，制定不同的分数线来确定供应商等级。比较常用的四级制是 A、B、C、D 四级制和绿灯、蓝灯、黄灯、红灯四灯制，也可以按酒店级别的五星级来划分供应商。这里推荐"四级制"和"四灯制"，因为比较简单直观，方便指导供应商，如表 5-6 所示。

在评价频次上，可以分为月度绩效评价、季度绩效评价、年度绩效评价。本质上月度绩效作为基础颗粒，月度绩效累计即为季度绩效，季度绩效累计即为年度绩效。月度绩效评价、季度绩效评价、年度绩效评价的目的不同。

表 5-6　供应商等级表

评价得分（X）	$X \geqslant 90$	$90>X \geqslant 80$	$80>X \geqslant 70$	$X<70$
供应商等级	A	B	C	D
对应四灯制	绿灯	蓝灯	黄灯	红灯

供应商月度绩效评价的目的是促进供应商改进绩效，季度绩效评价的目的是决定供应商订单分配，年度绩效评价的目的是决定供应商的去留与定位策略。

5.3　供应商激励与绩效改进

绩效分数出来后，如果不进行评价后的联动，形成公平、公正、公开的激励，那么评价毫无意义。激励可以分为正激励与负激励，正激励包括物质激励和荣誉激励。物质激励指订单份额增加、付款账期缩短、早期参与研发等；荣誉激励指评选为优秀供应商、战略供应商，以及写感谢信等。

负激励包括十差供应商评选、罚款/警告、暂停采购、延后付款、供货比例控制（绩效越差，供货比例越少）、C/D等级供应商管理（改善无明显效果的供应商，面临处罚、淘汰的危险）等。

结合供应商分类（战略类、合作类与一般类）与供应商等级（A、B、C、D四级制或四灯制），可以形成供应商分级管理策略（见表5-7）。

表 5-7 供应商分级管理策略

供应商等级	供应商分类		
	战略类	合作类	一般类
A 等级	• 强化增加双方利益的合作 • 订单配额长期稳定	• 强化增加双方利益的合作 • 根据评估结果，增加订单配额，提供奖励刺激	• 给予政策或经济刺激，维持供应商对甲申方的忠实度
B 等级	• 多样化的合作计划 • 通过推进活动，使供应商向 A 等级靠拢	• 通过竞标选定供应商 • 通过供应商之间的竞争和提供激励促使供应商向 A 等级靠拢	• 提供激励，促使供应商向 A 等级靠拢
C 等级	• 通过支持活动（技术支持、教育等）使供应商向 B 等级靠拢 • 6西格玛活动推进及支援	• 在非常有限的情况下，支持供应商向 B 等级靠拢 • 制定改善协议，给予一两次改进机会	• 通过持续的新供应商寻源来终止交易
D 等级	• 改善协议，并进行严格的监督 • 剔除改善不力的供应商	• 不能按规定取得改善，就要剔除	• 通过持续的新供应商寻源来终止交易
总结	• 通过持续合作取得双赢	• 给予改善机会并限制性地提供支持，优选供应商，终止和没有潜力的供应商的交易	• 通过竞争，选拔有潜力的供应商进行培养，剔除差的供应商

战略类供应商如评为 C 等级或 D 等级，其定位是需改善，而一般类供应商如评为 C 等级或 D 等级，则定位是可剔除。一般类供应商评为 A 等级或 B 等级，定位是有价值，而合作类或战略类供应商评为 A 等级，则定位为优选。对于不同分类、不同等级的供应商，会有不同的定位，如图 5-3 所示。

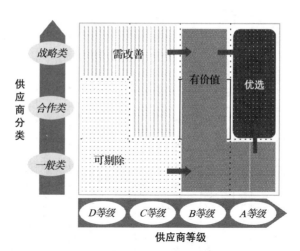

图 5-3 供应商分级管理逻辑示意图

优选、有价值、需改善、可剔除这四种定位，对应的管理策略是不同的，如表 5-8 所示。

这里重点讲 3 种策略：淘汰制、订单分配激励制、感谢信。

表 5-8 供应商定位管理策略

序号	策略名称	内容	优选	有价值	需改善	可剔除
1	告知制	业绩出现环比下降,处于有价值级别以上的供应商	√	√		
2	整改制	供应商月度绩效评价处于有价值级别以下	√		√	
3	预警制	供应商月度绩效评价 6 个月内累计 3 次在需改善级以下,发预警通知书	√			√
4	淘汰制	供应商月度绩效评价 12 个月内累计 6 次在需改善级以下,列入淘汰供应商列表	√			√
5	优选库清洗	供应商评估结果为优选和有价值级别,质量得分不低于 80 分的供应商可以开新品、开双点	√	√		
6	订单分配激励制	根据供应商的绩效类别,设定不同的订单分配比例	√	√		
7	供应商认证	为帮助供应商提高竞争力,给优秀供应商颁发供应商认证	√	√		
8	评选当年的优秀供应商	增强被评选为当年优秀供应商的自豪感,并促使没有被选定的供应商改善	√	√		
9	供应商年会	通过优秀供应商年会,促使供应商持续合作,增强供应商的自豪感	√	√		
10	感谢信	获得供应商帮助时,要反及时写感谢信,这是成本最低、效果最好的管理策略	√	√		

（1）淘汰制。

供应商淘汰制策略，应用于质量绩效改进或交付绩效改进。

在企业实践中，最有效的改进供应商质量绩效或交付绩效的方式，是淘汰差的供应商。供应商的绩效符合正态分布。5%的供应商非常优秀，5%的供应商非常差，剩下的90%的供应商处在中间地带。企业的资源会花在哪类供应商上？有些企业花在表现特别差的供应商身上，因为它们反复出各种问题，比如质量、交期等问题，占用了供应链团队绝大多数宝贵的资源和精力，而经验证明，这类供应商即使经过辅导，被成功改造的概率也很小。所以，淘汰5%最差的供应商，是供应商质量改进、交付改进投入最少且效果最好的方式。

淘汰方式：每月评选十差供应商，十差供应商一般在C、D等级中产生。十差供应商将被邀请参加月度品质检讨会议，并执行相应的考核措施，无故不出席会议将被加强考核。根据实际情况，十差供应商将被执行降低供货比例、延期付款、罚款、停止供应等处罚措施。如果还没有明显改进，依据绩效考核方案将其淘汰。

（2）订单分配激励制。

大多数情况下，在所有激励手段中，供应商最重视的是订单的激励，这种方式最实际也最有效，能让供应商有足够的动力投入更多的资源以保持良好的业绩。对于A等级的战略类供应商,则要强化增加双方利益的合作,提供长期稳定的订单配额,对于合作类供应商,则是根据评价结果,增加订单配额,提供刺激。

如果有两家或两家以上供应商在同时供应同一物料,针对某一供应商的采购订单的增加,除了来自销售额的增加以外,还有可能来自供应商资源的整合。一家供应商采购订单的增加可能意味着其竞争对手份额的降低,订单的激励作用也会更加明显。

那么,如何根据绩效进行订单分配?表5-9和表5-10分别为供应商数量为两家时和供应商数量为三家时订单分配措施的一些经验数值。

表5-9 供应商数量为两家时的订单分配措施

供应商绩效等级		订单分配比例	
A	B	60%	40%
A	C	80%	20%
A	A	55%	45%
B	B	55%	45%
B	C	70%	30%
C	C	55%	45%

表5-10 供应商数量为三家时的订单分配措施

供应商绩效等级			订单分配比例		
A	B	C	55%	30%	15%
A	A	A	40%	33%	27%
A	A	B	45%	40%	15%
A	A	C	48%	42%	10%
A	B	B	50%	25%	25%

(续)

供应商绩效等级			订单分配比例		
A	C	C	70%	15%	15%
B	B	B	40%	33%	27%
B	B	C	40%	40%	20%
B	C	C	50%	25%	25%
C	C	C	40%	33%	27%

（3）感谢信。

合作过多个国家的供应商之后，大家会有个感受：中国供应商是世界供应商中的佼佼者，真正以客户为中心，全力以赴帮助客户，完成任务。包括新冠疫情期间，企业遇到突发事情时，患难见真情，供应商排除万难，帮了企业很多忙。但很多企业把这种帮忙视为理所当然，没有给出相应的反馈与评价。长此以往，如果这些优秀的供应商也开始降低服务水平，这才是一种悲哀。中国供应商相对而言缺乏尊重、欣赏，缺乏爱，所以当供应商给我们提供帮助时，一封充满情感的感谢信，能够瞬间触动供应商团队的心弦，激发其对合作的长期承诺。给供应商写感谢信，是在供应商绩效管理中，成本最低、效果最好的管理方式。当供应商收到感谢信时，往往会把它裱起来，展示在公司最显眼的位置，并发朋友圈表示感谢。这是一种能量的传达，建议感谢信不要写成万能版本，要写具体的项目、具体的事件、所涉及成员的名字，以及体现了什么精神。这些感谢信，最好由公司的最高层如董事长或总经理亲自签名,并加盖公司公章,用快递发给供应商。在我们的倡导下,越来越多的企业开始给供应商写感谢信,由衷期待这种能量沿着供应链持续地传递下去,在表达真诚的欣赏和感谢中,企业与供应商之间的关系变得更好,企业与供应商的供应链绩效变得更好,企业与供应商共同的明天变得更美好!

学以致用

【学】请用自己的语言描述本章的要点。

【思】描述自己企业的相关经验与本章对自己的启发。

【用】
准备如何应用?希望看到的成果是什么?

会遇到哪些障碍?

解决障碍有哪些方法、措施、资源?

行动计划:

第6章

供应商交付、质量与成本改进

供应商运营是供应商管理之屋的第 4 层地基,如图 6-1 所示。打铁还得自身硬,供应商的绩效不仅仅取决于供应商,有相当一部分还取决于企业自身的管理水平。改进企业自身的管理水平,让供应商的交付绩效、质量绩效、成本绩效得到大幅提升,并推动供应商早期参与,从而实现供应链的创新与企业竞争力的提升。

6.1 供应商交付改进

本节以首批全国供应链创新与应用示范企业林德(中国)叉车有限公司(以下简称林德叉车)的企业实践为主线,林德叉车通过数字化供应链建设,有效改进供应商的交付绩效,从而实现供应链的创新与企业竞争力的提升。

第6章 供应商交付、质量与成本改进

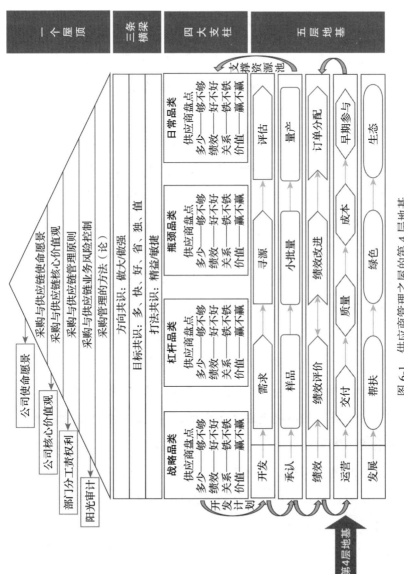

图 6-1 供应商管理之屋的第 4 层地基

6.1.1　林德叉车的交付挑战

林德叉车提供全系列的平衡重及仓储等叉车,自1996年起,林德叉车一直占据着中国叉车市场外资品牌销售额的70%以上,全国市场占有率稳居7%以上。

为了增强竞争优势,在保持现有产品优秀质量水平的基础上,林德叉车不断加大其产品种类覆盖面、提高定制化程度。林德叉车目前生产50种车型,定制化率高达70%、100%采用按单定制生产的方式。销售端对客户的交期承诺一般为2个月,其中生产加工周期占4~6周(1~1.5个月)。在供应端,林德叉车有多达4万种零件,约300家原材料供应商,涉及重复采购物料约30000种;有辅料供应商约500家,辅料重复采购很少。其中进口物料交期为3个月左右,国产物料交期为3~4周。

2010年前,由于多品种、小批量、长周期的采购模式,加上客户需求的不确定性和多变性,信息化系统中的物料需求计划(Material Requirement Planning,以下简称MRP)不能及时灵活调整,使林德叉车面临着巨大的供应链交付压力,急的订单缺物料,排产经常调整,采购人员经常处于催货救火的混乱当中。

为了提升交付能力、实现库存的有效控制，林德叉车对数字化供应商关系管理（Supplier Relationship Management，以下简称SRM）系统进行优化。

针对物料短缺、供应交付困难问题，林德叉车开发了"按出货计划排产信息"（Make To Delivery，以下简称MTD）系统，该系统将客户关系管理（Customer Relationship Management，以下简称CRM）中的客户订单和生产计划排程信息传递到SRM系统，自动与SAP（System Applications and Products，是企业管理解决方案软件的名称）的库存信息进行需求匹配、迅速提供缺料信息和采购需求信息，对3个月订单所需物料进行缺料模拟，提供给物料计划员，作为采购下达订单的依据。

生产计划团队依据MTD系统，根据物料到货情况制订生产计划，或对生产计划排程进行调整，迅速反馈给销售部，完成客户订单的交期确认。销售团队登录系统，就能获得订单执行状态和进度的第一手信息。这极大地提高了客户满意度和交付准时率。为了方便大家直观理解，图6-2是林德叉车MTD模拟出货缺料预警系统界面。

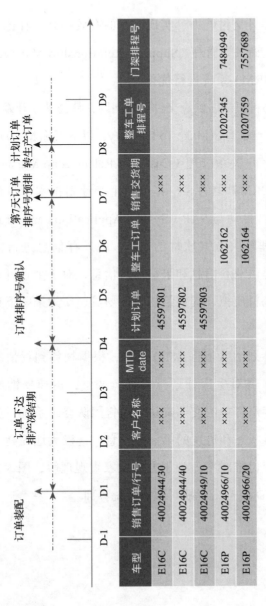

图 6-2 林德叉车 MTD 模拟出货缺料预警系统界面

6.1.2 开发VMI/JIT信息一体化系统

供应商管理库存（Vendor Managed Inventory，以下简称VMI）是一种以用户和供应商双方都能获得最低成本为目的，在共同的协议下由供应商进行库存管理，并不断监督协议执行情况和修正协议内容，使双方库存管理得到持续改进的合作性策略。这种库存管理策略打破了传统的各自为政的库存管理模式，体现了供应链的集成化管理思维，是一种全新的且具有代表性的库存管理思路。VMI的目标是通过供需双方的合作，真正降低供应链上的总库存成本。

准时化（Just In Time，以下简称JIT）基于"按需生产零库存"的理念，旨在提高生产效率和降低库存成本。它以降低库存为核心，构建合理的库存管理体系，来敏捷应对变化的市场需求。其本质就是让供应商及时准确地应对弹性的客户需求，用最合适的资金成本，以最敏捷的方法，构建及时敏捷的物流管理体系，来应对行业中客户复杂且多样的需求，从而打造企业的核心竞争力。简单来讲，在VMI系统基础上开发的JIT系统，有效地解决了在供应商从VMI系统获得库存和需求信息后，信息不准确造成的备货数量过多、库存积压，以及信息不及时造成的延误等困扰。

VMI/JIT库存管理方法不仅适用于制造行业，也适用于其他需要高度协调和精准库存管理的领域。它通过库存优化，提高生产效率和质量，为企业带来可持续的竞争优势。图 6-3 是 VMI/JIT 模型。

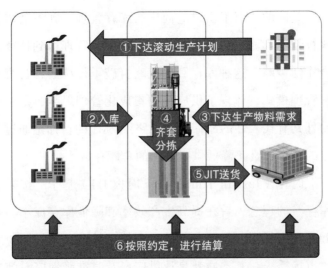

图 6-3　VMI/JIT 模型

VMI/JIT 系统界面（部分）如图 6-4 所示。

生产计划产生的物料需求第一时间传递给供应商，供应商根据计划实现生产库存自主管理，并按时按量将物料送达仓库。CRM 与 SRM 收到生产工单和采购订单需求信息后，将物料需求信息及时有效地通知供应商，让供应商可以根据 CRM 传递过来的需求信息，马上着手备料、安排生产及交付。

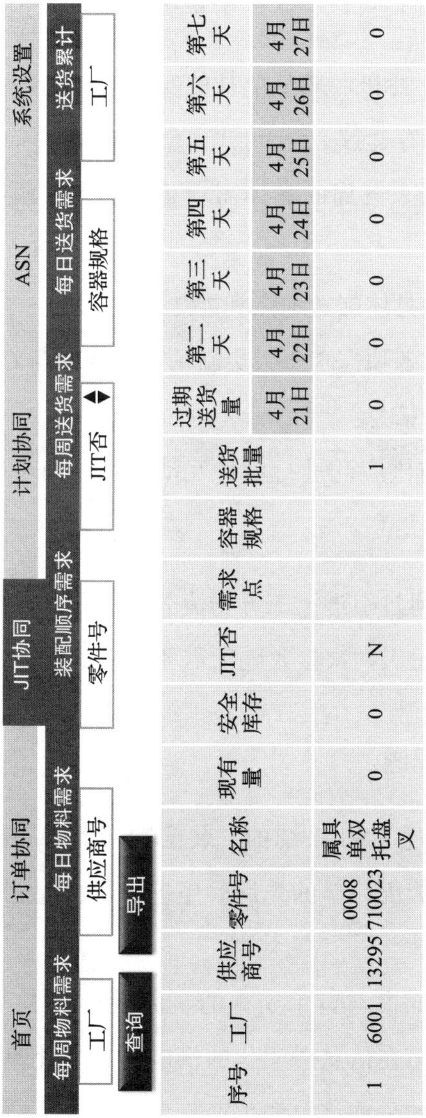

首页	订单协同		JIT协同		计划协同		ASN		系统设置
每周物料需求	每日物料需求		装配顺序需求		每周送货需求	每日送货需求		送货累计	

工厂 [ ]　供应商号 [ ]　　零件号 [ ]　　JIT否 [ ]　容器规格 [ ]　工厂 [ ]

[导出] [查询]

序号	工厂	供应商号	零件号	名称	现有量	安全库存	JIT否	需求点	容器规格	送货批量	过期送货量 4月21日	第一天 4月22日	第二天 4月23日	第三天 4月24日	第四天 4月25日	第五天 4月26日	第六天 4月27日
1	6001	13295	7100230008	属具单双托盘叉	0	0	N			1	0	0	0	0	0	0	0

图 6-4　VMI/JIT 系统界面（部分）

采购和供应商可以登录这个系统，看到以下关键信息：

- 该物料过去和未来三个月的实际消耗和需求预测，以及安全库存建议。
- 该物料未来五周的具体需求量，和未来两周每天的发货数量。
- 该物料的具体配送地点和配送数量。
- 系统中的各项需求每天更新两次，实时与 CRM 和 SAP 对接更新信息。
- 系统能与供应商进行信息互动，供应商可以自主上传物料库存信息。

林德叉车通过引进第三方物流公司，并开放 VMI/JIT 系统信息，做到每天两次接收隔天需要上线的物料。

6.1.3 按序配送

供应商通过 VMI 系统的"装配顺序需求"模块中的需求信息，按照装配订单的先后顺序进行货物配送。系统界面如图 6-5 所示。

供应商全面参与订单实现的全流程是 SRM 优化的核心组成部分。如何在信息透明化的供应商关系管理中，全面高效地参与具体的采购订单和生产订单的实现，是供应商关系管理全面落地的关键因子。物流、信息流、资金流的有效集成与落地实施也是供应商关系管理的核心目标之一。为了实现这三个流的完美整合，运作规则与流程的制定是必不可少的关键环节。

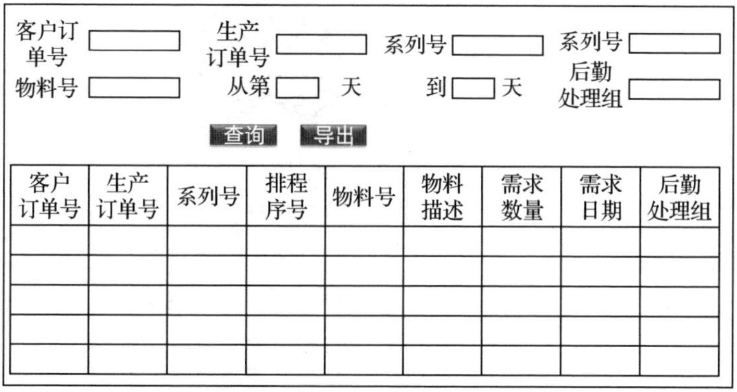

图 6-5 "装配顺序需求"模块

（1）通过 ERP 的真实客户订单产生的采购订单，可直接发送给供应商，避免重复审批。当然与供应商在备料方面也需要事先约定，这样才能确保物料及时供应，以及备料责任的清晰化。具体规则如图 6-6 所示。

（2）与供应商签订原材料备料烟囱协议，实现原材料需求滚动预测，可以为生产备料提供有力保障。

（3）与供应商签订 JIT 协议，开放 VMI/JIT 权限让供应商跟进历史消耗和需求预测，自主备料和排产。

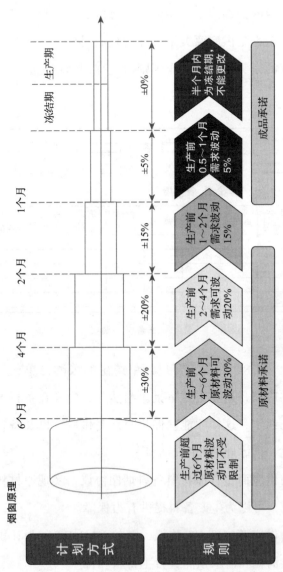

图 6-6 林德叉车 SRM 物料计划烟囱图

资料来源：根据林德叉车内部资料整理，2020 年。

（4）启动C类件（螺丝螺母）生产线的线边第三方配送项目和流程再造，让供应商在生产现场进行自主物流管控和库存补给管理。

（5）启动供应商预约送货新流程和系统开发，实现进货、入库和现场配送的更有序管理。

至此，可以说，系统的上线直接、全透明地打通了林德叉车物料需求计划与供应商备料和送货的环节，真正意义上实现CRM和SRM全流程的信息透明化。

林德叉车每年在IT数字化都有约5000万元的投资预算，在SRM优化上每年都有1000万元以上的投入。由此可见公司管理层对供应商管理优化的高度重视和大力支持。实际上林德叉车对每一项系统开发的投资，都是以严谨的投资回报分析作为决策依据的。系统投资前，假如投资回报率（Return of Investment，以下简称ROI）过低，2年都无法收回成本，原则上很难获得投资批准。这是林德叉车SRM优化能落地实施最重要的基础。图6-7是以投资回报为依据进行供应链系统开发的历程，也体现了林德叉车"提前10年想，提早5年做"的思维。

2010~2018年的系统开发历程

2010	2011	2012	2013	2014	2015	2016	2017	2018
模拟出货缺料预警系统		供应商自主库存管理系统	及时交货管理系统 + 内部电子清关申报系统	目录采购管理系统 + 投资预算管理系统	在线询报价管理系统 + 供应商自荐管理系统	在线竞标管理系统 + SAP管理系统	供应商合理化建议管理系统 + 在线竞标与SAP对接管理系统	供应商申请 + 供应商早期介入管理系统

2018年后系统集成开发规划

2019		2020		2021	
主数据开发	交货协同	供应商评估策略	合格供应商名录电子化	与CRM的对接	供应商能力计划
平台搭建	JIT/库存协同	供应商评估报告	潜在供应商管理	包材管理	供应商绩效改进
原材料期货价格对接	成品运输眼踪	供应商准入策略	大数据	大数据	海关集成优化
供应链风险管理	供应商早期介入工装制造	供应商准入与淘汰	AI	AI	

图 6-7 供应链管理平台发展历程及新开发功能简介、发展历程

6.2 供应商质量改进

关于供应商质量改进,很多企业有诸多困惑:

▶ 质量问题到底是采购负责处理还是质量负责处理?
▶ 为什么供应商的问题一而再,再而三地重复发生?
▶ 为什么辅导变成了"扶倒(扶起一松手就倒)"?
▶ 为什么投入了这么多检验人员,质量却没有多大提升?
……

6.2.1 供应商的质量问题应由哪个部门负责

在一些企业有一种不好的倾向,质量问题谁来处理,就是谁的责任。这使供应商质量问题处理变成烫手的山芋,哪个部门都不想接手。

对外企来说,答案很明确:由质量部门来处理,或者说由供应商质量工程师(Supplier Quality Engineer,以下简称SQE)来处理。原因很简单,专业的事要交给专业的人。但在民企,供应商的质量问题处理是有争议的,相当一部分民企的供应商质量问题是由采购来处理的。理由是供应商是采购开发的,所以供应商的质量问题也要由采购自己来处理。但采购人员在质量管理上不专业,只能起到传话筒的作用,对供应商的质量管理就变成了罚款结案。这显然对供应商的质量改进是非常不利的。从供应链质量绩效改进的角度出发，供应商的质量问题应由质量人员处理。

因为各部门都不想接质量问题，一些企业开始招聘专职SQE，但SQE归属哪个部门又成了问题：SQE是放到质量部门还是放到采购部门？从"供应商"角度出发，SQE应该归属采购部门；但从"质量管理"角度来说，SQE应该归属质量部门。这个问题要从管理目标出发，如果企业有大量新产品要开发和新供应商要导入，这时开发效率更重要，SQE放在采购部门是合适的。如果企业进入稳定期，大部分是成熟的产品、稳定的供应商，这时专业化更重要，SQE归属质量部门更合适，因为SQE可以行使质量部门的职能，使客户质量管理、设计质量管理与制造质量管理高效运作，形成质量管理闭环。也可以简单理解为，敏捷型供应链里，SQE放在采购部门；精益供应链里，SQE放在质量部门。当然，也有SQE找不到更好的归属，最后成为一个独立部门的情况，这有些尴尬：供应商管理权在采购部门手中，质量管理权在质量部门手中，权力与责任不对等。

6.2.2　SQE 的 4 个发展阶段

SQE应与时俱进，应对挑战，发展能力、促进管理升级。我们将SQE在4个发展阶段的挑战、角色类比、工作内容与必备技能进行了汇总，方便 SQE 人员进行诊断，确定发展方向。SQE4 个发展阶段能力建设如表 6-1 所示。

表 6-1　SQE4 个发展阶段能力建设

发展阶段	挑战	角色类比	工作内容	必备技能
SQE1.0 阶段	供应商引发的质量问题日益增多	救火队员	解决产品质量问题	界定问题：5W2H 分析问题：QC 七大手法
SQE2.0 阶段	质量问题频发，需要系统解决	流程联络员 协调员	提升处理质量问题的能力	8D、4M 变动管理、QCP 质量控制计划
SQE3.0 阶段	流程已有，如何从源头改善	诊断师	对供应商群进行系统诊断，指明供应商改进方向，从源头预防，强化供应商选好比管好的理念，重点关注准入时的过程审核与产品审核	供应商能力系统诊断、关键点管控、五大工具、供应商开发审核能力
SQE4.0 阶段	供应商缺乏持续提升动力与能力	辅导员	能力建设，辅导改进	全面的供应链管理知识领导力与教练能力

6.2.3　供应商质量问题频发：4M1E 变动管理

供应商批量供货后，如果前期质量合格，后期问题一而再，再而三地发生，那么供应商的 4M1E 一定发生了变动且没有得到有效管理。4M1E 是 Man（人）、Machine（机器）、Material（材料）、Method（方法）、Environment（环境）的简写。企业必须向供应商提出明确的4M1E变动的管理要求：重大4M1E变动必须向企业提出书面申请并获得企业批准。其他变更应进行自我管理，如登记在制造日报中，当发生质量问题时，这是原因分析的重要线索。4M1E变动的要求至少应在企业的供应商管理手册或质量协议中明确，并且企业需要不断向供应商宣贯直到供应商了解并执行：供应商如出现上述变更，除进行自我管理的变更外，还需要主动向企业采购部采购工程师提交变更申请，并配合企业进行相应的评估；供应商私自变更，未将变更信息提交给采购部的，按照《质量保证协议》的相应条款规定处理：如果变更对企业造成损失，则损失全部由供应商承担；如果没有造成损失，则根据变更情况对供应商进行处罚；情节恶劣者，企业将考虑停止合作关系。

表6-2是某知名企业的供应商4M1E变动管理示例。

表6-2 某知名企业的供应商4M1E变动管理示例

变更内容1		供应商
1.人员		
1个月内生产和质量人员变更20%以上	人员新入、调动、辞职等	申请
特殊工序人员变更	如技术和质检部经理、高机密工序、关键工序、重要工序等对产品特性影响较大的岗位	申请
2.设备		
生产主体设备	大修、改造、迁移、型号变更、相同型号追加	申请

（续）

	变更内容 1	供应商
	一般点检、维修、维护	自我管理
3. 材料		
关键材料来源变更	制造商的变更、追加或者矿源的变更	申请
配方中的材料	种类变更、追加，再生材料比例、投料次序、添加剂等变更	申请
辅助材料相关变更	基本不会对产品特性产生影响的辅助材料的相关变更（如防锈油、润滑油等）	自我管理
4. 方法		
方法和步骤	生产线的变更	申请
	工艺的变更（包括参数和步骤）	申请
5. 环境	生产地点变更、大的装修或对生产有影响的自然灾害	申请
6. 测量	关键质量指标的测试仪器、方法的变更，指标的变更	申请

如果发生4M1E变动，企业还应向供应商提供4M1E变动许可申请兼回复书，如表6-3所示。

6.2.4　华为公司三化一稳定、严进严出的供应商管理

华为公司在4M1E变动管理的基础上，提出三化一稳定、严进严出的供应商管理。其本质是保证供应商生产要素的稳定，可以看作供应商4M1E变动管理的中国版，华为公司的供应商执行与指标细则如表6-4所示。

表 6-3 4M1E 变动许可申请兼回复书

收件人：			日期：	
经办人：				

1. 变更申请供应商填写部分

供应商公司名：			申请书编号：	
物料名	物料型号	物料代码	制表人	有资质者签字

申请理由：

4M1E 变动内容：

预定实施日期：	附数据： YES/NO	附样品： YES/NO

质量控制 – 知会体制 – 保证方法申明：

2. 变更申请回复填写部分

回答内容： （接受 / 拒绝 / 有条件接受）	接受日：	接受编号：

要求事项 / 接受条件：

确认人：
日　期：

部品确定：完成 / 未完成	前作业认定：完成 / 未完成	评价：完成 / 未完成	
发行：		制表人	有资质者 1	有资质者 2

表 6-4　华为公司供应商执行与指标细则

类别	阶段	细则
管理IT化	短期目标	实现华为"IT化基线要求"60%以上
		与质量强相关的流程实现IT化,并有IT系统承载
		实现错混料为零
	中期目标	实现华为"IT化基线要求"95%以上
	长期目标	实现生产全过程可视及可控,包括所有流程及流程状态,所有过程质量数据的可视化
		实现生产全过程可追溯,包括人、机、料、法、工序、线体、时间等记录的可追溯性和可查询性
生产自动化	短期目标	实现主要工序自动化,不同规格产品在多数设备上"可混设生产"
		实现华为"自动化基线要求"70%以上
		人为操作导致的质量问题为零
	中期目标	实现全工序自动化(未达到"流水线式"),不同规格产品"可混设生产"
		影响质量的关键环节100%实现自动化
		产品全工序直通率、良率及生产效率达到行业先进水平
	长期目标	实现流水线式全自动化生产,不同规格产品"可混线生产"
		产品全工序直通率、良率及生产效率达到行业领先水平
人员专业化	短期目标	关键岗位人员满足上岗资质标准比例大于90%
		关键岗位人员满足对应岗位专业任职标准比例大于70%
	中期目标	关键岗位人员满足上岗资质标准比例达到100%
		关键岗位人员满足对应岗位专业任职标准比例大于80%
	长期目标	所有岗位人员满足上岗资质标准比例达到100%
		关键岗位人员满足对应岗位专业任职标准比例大于90%
关键岗位人员稳定	短期目标	关键岗位人员的稳定度大于75%
	中期目标	关键岗位人员的稳定度大于85%
	长期目标	关键岗位人员的稳定度大于90%
严进严出	短期目标	华为"严进基线"要求满足率达到90%
	中期目标	华为"严进基线"要求满足率达到100%
	长期目标	所有输入都要达到"管控标准"。实现5个零:零批量质量问题、零市场客户投诉、零错混料、零ROHS环保问题、零网络安全问题(如果涉及)

供应商应三化一稳定是指管理IT化、生产自动化、人员专业化、关键岗位人员稳定。

（1）管理IT化。

所有业务活动都必须有明确的流程，并且这些流程需要通过IT系统实现。目标是实现生产全过程的可视化和可控性，以及过程质量数据的可视化。需要建立完善的管理体系，确保所有业务模块的主业务流程实现IT化。需要重视对质量和效率影响较大的业务流程，使这些业务流程优先实现IT化。

（2）生产自动化。

所有生产工序环节都必须有正确的工艺规程和管控标准，并且这些标准应由自动化设备或装备完成。对于暂时无法实现自动化的工序，需要有严格的质量控制措施。目标是实现全自动化生产，提高产品直通率、良率和生产效率。

（3）人员专业化。

所有岗位必须有上岗资质标准，关键岗位还需有专业晋升通道和专业任职标准。需要建立例行机制，关键岗位人员必须对照专业任职标准，识别并弥补知识、技能和经验上的差距。对于关键岗位人员，要有系统的"选育用留"管理机制。

（4）关键岗位人员稳定。

建立员工激励、关怀及沟通机制，改善员工薪酬待遇和工作环境，以提高关键岗位人员的稳定度。目标是实现关键岗位人员的稳定度大于90%。

（5）严进严出。

严进：严格管控输入质量，包括原材料、生产辅料、生产装备及工具等。所有输入都必须有严格的质量标准、检测机制和有效的检测手段。

严出：确保出厂产品满足华为物料规格及质量标准要求。实现产品规格和质量标准要求的全覆盖测试，确保产品出厂质量达标。

6.2.5 供应商质量问题去根：8D

一旦供应商出现了质量问题，就要启动8D处理流程。8D是处理质量问题的8个标准步骤或原则的简称，起源于福特汽车，对于解决不合格产品问题、顾客投诉反复频发问题以及需要团队作业的问题有良好效果。企业必须教会供应商如何用8D去进行质量问题的原因分析、纠正与预防。对于供应商而言，应用8D可以通过建立小组训练内部合作的技巧，提升预防技术水平，提升质量和生产率，防止相同或类似问题再次发生，提高顾客满意度；对于顾客而言，应用8D可以增强对供应商产品和过程的信心。

8D示意图如图6-8所示，包括1个准备动作，即了解问题和 8 个步骤：成立小组，清楚描述问题，执行和确认临时措施，确定并验证根本原因，确定及验证纠正措施，执行永久纠正措施，避免再发生，恭贺小组。

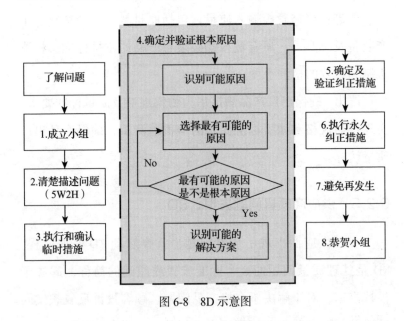

图 6-8 8D 示意图

下面为读者准备了一个简单易行的 8D 范本，方便企业快速应用。

客户填写部分如表 6-5 所示。

表 6-5 8D 范本客户填写部分

E-mail: VQA@×××××.com.cn					Tel:	8D NO.:
FAX NO.:						DATE:
TO:						FROM:
CC:	☑RD	☑PR	☐SQA	☐OQA	☐DQA	☑PD	APPROVED:

（续）

CLCA 开立条件：	☒ 进料检验发现问题时，NO.：_____
	☐ PD ☐ OQA ☐ DQA 发生异常，经 SQA 确认为原材不良时，NO.：
缺点等级：	☐ 严重缺点 ☒ 主要缺点 ☐ 次要缺点

零件料号：			品名：		供应商：	编号：
不良发生日期	批量	样本数	不良率	制造日期	不良现象	

☒ 回复时间：请于____年__月__日前回复改善对策，回复资料必须经由最高主管审核签字，否则回复无效。

SQA 对厂商回复确认：
  ☐ 改善对策确认有效，内容填写具体清楚。

  ☐ 改善对策确认无效，自____年__月__日起暂停检验该料。

  ☐ CLCA 回复未按要求填写，自____年__月__日起暂停检验该料。

  ☐ 超过期限未回复，自____年__月__日起暂停检验该料。

FROM：	APPROVED：

改善对策有效性追踪： ☐ 追踪一批来料上线使用状况良好后，可结案。
        ☐ 三个月未来料，无法确认改善效果，暂结案。

进料日期	批量	检验结果	上线日期	上线使用状况

FROM：	APPROVED：

☒ 注意：
1. 国内：关键问题请于 3 个工作日内回复；主要问题请于 7 个工作日内回复；次要问题请于 15 个工作日内回复。
2. 国外：关键问题请于 7 个工作日内回复；主要问题请于 15 个工作日内回复；次要问题请于 22 个工作日内回复。
3. 若未按时回复或对策经确认无效，将停止检验该料。

供应商填写部分如表 6-6 所示。

表 6-6　8D 范本供应商填写部分

CLCA NO.:＿＿＿＿　　厂商:＿＿＿＿　　料号:＿＿＿＿
Step1：问题点描述见首页不良现象内容（略）
Step2：问题点解决小组成立（品质、生产、技术等部门人员） 组长:＿＿＿＿　　组员:＿＿＿＿＿＿＿＿＿＿＿＿＿＿
Step3：应急处理 　　×××××产品处理措施:＿＿＿＿＿＿＿＿＿ 　　　　　　　　负责人:＿＿＿＿　　日期:＿＿＿＿
Step4：原因分析   　　　　　　　　负责人:＿＿＿＿　　日期:＿＿＿＿
Step5：短期对策 　　在途品处理措施，数量:＿＿＿＿，处理措施:＿＿＿＿ 　　厂内库存品处理措施，数量:＿＿＿＿，处理措施:＿＿＿＿ 　　厂内待验品处理措施，数量:＿＿＿＿，处理措施:＿＿＿＿ 　　厂内半成品处理措施，数量:＿＿＿＿，处理措施:＿＿＿＿ 　　　　　　　　负责人:＿＿＿＿　　日期:＿＿＿＿
Step6：长期对策   　　对策实施日期:＿＿＿＿　负责人:＿＿＿＿　日期:＿＿＿＿
Step7：对策验证 　　验证时间:＿＿＿＿　　　验证批量:＿＿＿＿ 　　验证结果:＿＿＿＿ 　　　　　　　　负责人:＿＿＿＿　　日期:＿＿＿＿
Step8：标准化（如修正或增加程序文件、规格、指导书等） 　　时间:＿＿＿＿　对＿＿＿＿程序文件、规格、指导书＿＿＿＿ 条款进行修正或增加 　　　　　　　　负责人:＿＿＿＿　　日期:＿＿＿＿

(续)

Step9：教育训练		
时间：_____对_____层级人员进行培训		
负责人：		日期：

☒注意：
1. 请供应商在限定时间内及时给出有效改善对策。逾期不回复，暂停检验后续来料。
2. 以上各项内容均需详细填写，空间不足时可用附件，并在每个 Step 备注。凡含有"加严""加强"等笼统描述内容的对策，均视为回复无效。
3. 请供应商依此格式建立电子文档填写，打印后由相关责任人签名确认，传真至××××××。

6.2.6 供应商自主品质管理 – 免检体系

检验属于"死后验尸"，不会提升产品质量，也不能保证物料 100% 是合格的。所以更多企业开始推行免检制度。免检制度依赖于供应商的自主品质保证能力。

1. 何为免检

免检是指企业以零不良率为品质目标，通过建立供应商的品质保证及管理系统，由供应商对产品品质进行自主保证，产品品质依赖于供应商的自主品质保证而非客户的检验。

2. 免检标准

（1）明确验收标准、限度样品及检验方法。

（2）帮助供应商建立可信任的出货检验系统，保证不合格品不外流。

（3）供应商的质量过程控制被认可，保证不合格品不产生。

（4）供应商的绩效被认可。

具体而言，有如下要求。

（1）供应商的出货检验项目被我方认可。

（2）供应商的测量系统被我方认可。

（3）供应商的出货检验人员通过我方考试并获得证书。

（4）供应商的 QCP 被我方认可。

（5）至少连续 20 批物料检验合格。

当生产线或市场上的免检物料出现质量异常的情况时，应重新导入检验。

6.3　供应商的成本优化与早期介入

降本是企业永恒的主题，但很多企业降本只是要求供应商降价，而且年复一年，导致供应商强烈抵制。本节将重新认识采购成本，对供应商成本优化思路进行拓展，并对供应商早期介入的方法论进行论述。

6.3.1　采购成本构成

从供应链角度，物料采购成本可以细分为以下部分：供应商产品成本（包括料、工、费、税）、供应商利润、物流成本（包括包装、运输、装卸）、库存成本、质量成本（包括预防成本、鉴定成本、内部失败成本与外部失败成本）、其他成本（包括订购、商务产生的费用），如图 6-9 所示。

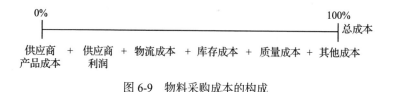

图 6-9　物料采购成本的构成

6.3.2　四维降本

针对这些成本的构成，企业可以采用商务降本、流程降本、技术降本与共享共建降本的方式进行四维降本。

商务降本：通过调整供需关系实现供应商降价，本质是降低供应商的利润。因为降的是供应商利润，所以必须有底线思维，要留有余地，保证供应商的合理利润。

流程降本：通过删除、合并、重组、简化，优化全流程中客户不愿意为之付费的环节，本质是去除浪费、提高人效。浪费是指客户不愿意为之付费的环节或动作，因为浪费会习以为常，所以要以客户视角，运用三现主义沿着全流程去发现。三现主义是指到现场、拿到现物、掌握现实。流程降本包括针对物流成本，去除或合并包装、运输、装卸流程；针对库存成本，实行 VMI 或 JIT 来降低库存成本；针对质量成本，推行免检并减少商务、交易等成本，推行阳光廉洁机制建议等。图 6-10 为具体的流程降本策略导航图。

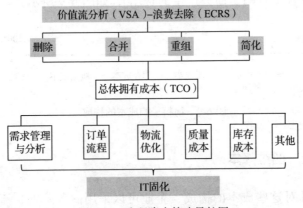

图 6-10　流程降本策略导航图

技术降本：通过采购与研发协同，推行产品的归一化、VE/VA 价值工程等解决产品的复杂度问题从而给客户增值的过程，其本质是跨部门协同，通过设计优化为客户增值。技术降本可以显著降低供应商的产品成本，同时对物流成本、库存成本与质量成本也有很大影响。图 6-11 为技术降本策略导航图。

在技术降本中，供应商在目标成本法、国产化、归一化、VE/VA 过程中都可以发挥其专业价值，为客户提供更具成本优势的建议。

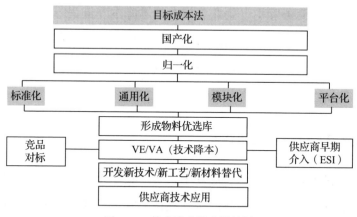

图 6-11 技术降本策略导航图

共享共建降本:通过应用绿色供应链的理念,进行资源与信息等共享、能力共建,从而实现绿色供应链与供需方协同发展。本质是与供应商构建一体化集成供应链,互相赋能。共享共建对全流程成本优化都有帮助,图 6-12 为共享共建降本策略导航图。

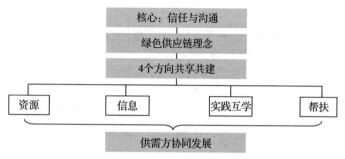

图 6-12 共享共建降本策略导航图

除了商务降本，企业更应在技术降本、流程降本与共享共建降本方向发力。通过帮助供应商降本、供应链全链路优化来实现降本。这时应积极发挥供应商的专业优势，让供应商早期介入。

6.3.3 供应商早期介入

在传统的产品研发设计中，研发技术部门设计并确定技术规格后，交由采购部门按其规格要求开发相应供应商，再交由合适的供应商生产，这是个串行设计，如图6-13所示。信息在部门间以移交结果的方式传递，缺乏相互间的信息共享。上一工程并未充分考虑下一工程的能力与成本。下一工程如果发现问题，产品要重新回到上一工程修改，造成成本和时间的浪费。串行产品设计过程很明显具有产品设计周期长，信息与群体智慧未得到充分利用，设计修改的可能性高、损失高的缺点。

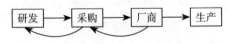

图6-13 传统产品研发串行设计示意图

供应商早期介入（Early Supplier Involvement，以下简称ESI）则是并行工程，在新产品开发初期，邀请具有伙伴关系的供应商参与买方的产品设计小组，利用供应商的专业技术、知识和经验来共同设计开发。并使供应商全程参与相关的工作来缩短开发周期、降低开发成本、优化设计方案、降低新产品品质风险等,从而实现新产品敏捷上市。

图 6-14 为供应商早期介入并行开发示意图。

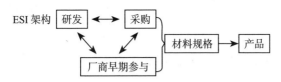

图 6-14　供应商早期介入并行开发示意图

ESI 的深度实施,可以为企业带来以下收益:

(1)提高研发和开发效率,降低开发成本,缩短产品开发周期。

(2)降低产品的生产成本,提高产品附加价值。

(3)有效降低新产品开发过程中潜在的失败风险。

(4)提高产品品质,增进企业与供应商的合作关系,加快新产品上市进程。

(5)让供应商承担更多的新产品研发的责任和义务,共同承担研发风险。

一方面,供应商早期介入可以使企业致力于关键设计和组装,其他零部件的设计可以借助供应商的技术优势共同完成,这样可以使企业致力于核心业务。这不仅有利于企业,也有利于供应商,为企业和供应商建立长期稳定的合作关系创造了条件。实施供应商早期介入的产品开发项目,产品平均开发周期可以大幅缩短。奥迪汽车的奥迪A3,利用供应商早期介入同步并行工程,成功地将上市时间从3年变为18个月,大大超越了竞争对手而赢得了市场主动权。这也不断被家电制造行业所应用借鉴。另一方面,利用供应商专业优势可以为产品开发提供性能更好、质量更可靠、成本更低的设计,从而使产品获得性价比优势。美国密执安州立大学的一项对降低采购成本的方式的研究也证明了这一点,利用供应商的技术与工艺可以降低采购成本的40%,而供应商参与产品开发可以降低采购成本达42%,如表6-7所示。

表6-7 降低采购成本的方式及其降低采购成本的比例

序号	降低采购成本的方式	可降低采购成本的比例
1	改进采购过程及价格谈判	11%
2	供应商改进质量	14%
3	利用供应商开展即时生产	20%
4	利用供应商的技术与工艺	40%
5	供应商参与产品开发	42%

资料来源:美国密执安州立大学。

根据供应商参与研发程度的不同,可以将供应商早期介入由低到高分为五个层次,供应商参与研发的程度如表6-8所示。

统计结果表明,在发达国家有60%左右的供应商在供应商早期介入中停留在第一层或第二层，只有40%的供应商处于第三层到第五层。处于较高层次的供应商，大部分是技术水平领先、国际合作能力强的生产制造企业。

表 6-8 供应商参与研发的程度

参与层次	参与项目	内容说明
第一层	提供信息	根据企业的要求提供市场与技术信息资料，供企业参考
第二层	设计反馈	针对产品设计，供应商提出成本、质量、规格或生产工艺方面的改进意见和建议
第三层	零部件开发	供应商根据企业提出的零部件要求，深入参与或独自承担相关零部件的设计和开发工作
第四层	部件或组件整体开发	供应商承担企业产品中较重要的部件或组件设计和开发的全部工作
第五层	系统开发	供应商根据企业产品的整体要求，完全承担整个系统的开发工作

资料来源：董雅丽，杜漪，《现代企业物流管理》，2005年。

6.3.4 供应商合理化建议

企业同时也应鼓励供应商向企业提出合理化建议，供应商可以填写合理化建议申报表，如表6-9所示。

企业应鼓励供应商在生产、技术、品质、材料、财务、管理等企业的全部活动中，把对企业经营有利的革新、改善等合理化建议都提出来，并书写在规范的提案报告书上。而企业在收到供应商合理化建议后，应高度重视，积极聆听供应商的改善建议，从而不断进行自我完善。

表 6-9 合理化建议申报表

填报时间：2023 年 10 月 11 日

单位	XX 有限公司	建议人	王 XX	职务	工程师
建议名称	改进水轮发电机喷嘴管的加工方法，提高产品质量和生产效率，降低生产成本				
建议内容	水轮发电机喷嘴管是关键件（承压），不管是用铸造毛坯，还是用焊接毛坯加工，总是反复三四次才能成功，或是报废重来。加之，内部缸筒部位（孔很深）的粗糙度又达不到要求，一直是影响该类机组加工进度的主要原因。建议改进焊接结构和加工工艺，设计缺陷易控的焊接结构和完整加工装置，以保证焊接的可靠性和加工质量，保证一次性达到设计要求，每台水轮发电机可节约资金上万元				
本单位意见			评审办公室意见		
相关部门意见					
公司主管领导意见					
实施情况			评审委员会意见		

备注：必要时可附图纸资料。

合理化建议可以带来的改进有：

▶ 培养供应商的问题意识和改善意识。

▶ 改善企业精神面貌，创建积极进取、文明健康的企业文化。

▶ 改善供应商发现问题和解决问题的能力，提升供应商技能水平。

▶ 改善供应商的工作环境，提高供应商满意度。

▶ 改善供应商生产制造条件，提高效率。

▶ 引导供应商从细微处着眼消除各种浪费、损耗，降低成本、提高效率。

6.3.5 跨部门专项活动

跨部门专项活动是指每年做一些重要品项的专项活动，这些专项活动是跨部门的、跨行业的，这使大家系统地理解全貌、发现问题，从而有效改进。

2024年，我们与武汉顾问企业开启了1周的供应商走访，和销售人员、产品经理、质量人员、采购人员、财务人员一行12个人开启了走访，目标是探讨一个网红产品的快速降本问题，我们还特别邀请了湖北某地的罐装厂、当地的仓储物流中心与湖南某地制袋厂的供应商一起互访。这次走访改变了我们所有人的降本观念，所以读万卷书不如行万里路，纸上得来终觉浅，绝知此事要躬行。

第一站：湖北某地的罐装厂。

第二站：当地仓储物流中心。

第三站：湖南某地制袋厂。

在走访第一站湖北某地的罐装厂（自动化罐装生产线）时，我们和供应商探讨如何降本增效，供应商给出了以下建议。

客户如果能提前3个月给出计划，供应商就可以根据行情做原材料战略采购，可以实现采购降本；如果生产线员工稳定，可以降本5%～10%，如果还要继续降本，建议借鉴标杆客户做法，包一条产线，全部人员专为客户生产，这样可以在原价基础上降本15%。

此外，湖南的制袋厂可以在湖北罐装厂车间做厂中厂，将制袋厂最后分切工序的设备搬到罐装厂，双方可以省下下管、数袋、装箱等工序约10人的人工成本，以及包装箱、罐装厂套管约50人的人工成本，这几项仅直接人员就节约了60人的人工成本，每年可节约360万元（=5000元×12个月×60人）。

罐装厂的货物数袋后包装入箱，拉到50千米之外的云仓，在云仓进行拆包，货物根据客户订单数量进入快递箱，云仓的快递分给三家快递公司，而罐装厂的包装纸箱会被当作废品卖掉。云仓给出的建议是：要区分B端客户与C端客户的两套计划流程，针对B端可以设定安全库存，用推式生产模式按计划来备货，B端分销商可以采用直发模式。

B端分销商采用直发模式可以节约38人×5000元×12个月=228万元。

可以节约周转箱成本60万×1.8元=108万元/月，约1200万元/年。

这几项加起来，一年可以节约约1800万元。这么多团队一起参加这次走访，值了！

团队对这次活动进行总结：

一般的企业会在2～3年出现一个瓶颈，这个瓶颈并不是指我们的技术或我们的能力出现问题，而是指我们的认知和思维上的瓶颈。这对我的触动很大，产品不管是在 0～1 阶段还是在 1～n 阶段，都必须要让供应商提前介入，我们要形成项目合作机制，让供应商不断给我们一些建议和反馈。

对于认知的突破，谈到降本增效，我们以前认为就是与供应商谈判，现在更加专注于消除顾客不愿意付费的环节。

对于思维的转变，在公司内部，我们往往容易局限在自己的工作范围，看不到全流程，从而忽略风险、忽略浪费、忽略价值。

慢即是快，跨部门的团队参与产品从生产到送达客户的供应链全流程，形成共同认知，可以加快决策进程。

供应商互惠共赢不能停留在口头。与供应商共享收益的果实，供应商才会愿意参与到共创的活动中来。对于与供应商共创的收益，要有利益分成的承诺。分成是 1∶9 还是 4∶6，可以询问供应商。供应商的建议往往是我们的思维盲区，例如：提高订单的计划性，改变承包产线的方式原来是可以降本的，等等。

降本不只是某个部门或某个供应商的事情，而是全链条所有岗位的活动，与外部伙伴定期交流可以形成机制，有助于整体认知的提升，实现全链条的协同优化、有效降本。

下一次我们的团队要去更上游的原材料厂家与更下游的销售终端,我们相信会有更大的降本增效收益。

供应链是条链,心怀"共赢"商,才能"共赢"链!

6.4　供应商管理手册

企业批准供应商进入之后,要和供应商签署以下文件:《采购合同》《质量协议》《阳光廉洁协议》《保密协议》。

除了签订合同协议,还有一个重要的文件:《供应商管理手册》。

有的伙伴会说,我们把很多管理要求都写在合同里了。由于合同里有金额,所以企业是把合同当作商业机密来管理的。合同签字盖章之后,被束之高阁,没有人有机会再看,只有出现索赔或罚款时,合同才会被翻出来。所以,我们必须把对供应商真正的合作要求,写在《供应商管理手册》里,指引供应商的具体行动。在编制《供应商管理手册》的同时,合作要求,包括企业对供应商的一些隐性的要求都要在企业内部的流程里写清楚。

供应商经常会问一些问题,比如发票怎么开?交货交到哪里?几点收货?如果过了时间和谁联系?早交货算不算准时交货?……这些供应商经常关心的问题也要写进去,这将显著提升我们采购人员的工作效率，也减少了供应商用于摸索和沟通的时间。《供应商管理手册》跟员工手册相仿，是给供应商的真正指引。

以下项目建议在《供应商管理手册》中体现：

（1）总经理致供应商的一封公开信。阐明我们的事业与愿景，与供应商合作共赢的承诺，对供应商的要求与期望，展现总经理对供应商的重视。

（2）供应商绩效管理。我们如何评定供应商的绩效；如何根据供应商绩效进行正向激励和负向激励；订单分配的依据是什么。

（3）日常操作。包括下订单、交货、开发票、付款、对账应该找谁这些具体的信息。供应商经常询问的问题都应该写在手册里。

（4）关于供应商的投诉与建议。当遇到企业相关人员吃拿卡要，违反《阳光廉洁协议》的情况时，如何进行举报；《供应商管理手册》还需要包含明确的邮箱投递地址或联系方法，并声明将予以保护和信息保密，以便供应商提供更好的做法与合理化建议。

在我们的倡导下，多家顾问企业都开始编制《供应商管理手册》。这将帮助企业和供应商更好地协同配合，提高了供应链的运作效率，为长久稳定的合作奠定了坚实的基础。

学以致用

【学】请用自己的语言描述本章的要点。

【思】描述自己企业的相关经验与本章对自己的启发。

【用】

准备如何应用？希望看到的成果是什么？

会遇到哪些障碍？

解决障碍有哪些方法、措施、资源?

行动计划:

第 7 章

供应商发展

供应商发展是供应商管理之屋的第 5 层地基,如图 7-1 所示,是构建健康供应链生态的基础。通过供应商帮扶、绿色供应链和供应商生态的全面发展,可以构建更加可持续和具有竞争力的商业生态系统。

7.1 赋能供应商,以中乔体育为案例

一花独放不是春,百花齐放春满园。如何带着供应商一起发展,让供应商跟上企业的发展步伐是供应链管理者的一个重要课题。赋能供应商,具体如何实施,怎样让供应商愿意参与进来,怎样能将经济效益与长期发展相结合,在这方面中乔体育股份有限公司(以下简称"中乔体育")做了大

第7章 供应商发展 257

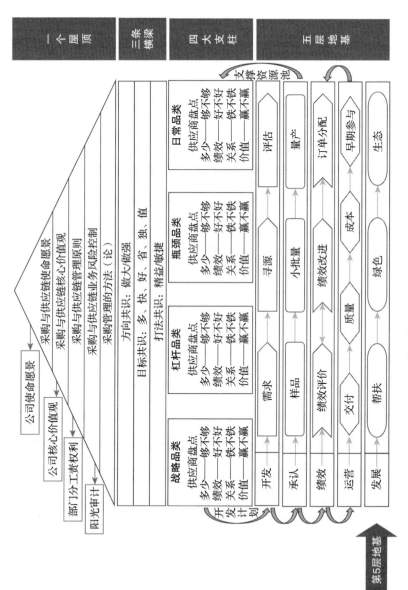

图 7-1 供应商管理之屋的第 5 层地基

量实践并取得了一系列成果。中乔体育鞋供应链供应商管理部高级经理阳红波，带领团队与供应商共舞。下面是对阳红波及其团队的采访内容。

7.1.1 为什么发起赋能供应商活动

近年来，国内运动品牌消费市场竞争愈加激烈，各大运动品牌为了赢得消费者的青睐，不断加大新产品的研发投入，推出各自的创新产品以吸引消费者。而消费者对运动产品的要求也越来越专业，对鞋服质量和舒适度的要求不断提高。终端市场上当季热销、滞销产品的销售数据能够迅速反馈到产品端和供应链端。企业的供应链端需要快速响应并进行相应的对策调整。如今，运动品牌之间的竞争不仅仅是产品性价比的比拼，更是供应链综合实力的较量。

中乔体育作为一家专注于鞋服研发、生产和销售的中国民营企业，于2018年成立鞋服供应链管理中心，明确中心职责，设立技术、计划、采购、质量、成本、供应商管理多个部门，提出"三高一快一强"的工作目标，即高质量、高准交、高性价比、快反、强技术。随着业务增长，根据公司战略需求，2023年以来鞋服供应链管理中心将工作重心聚焦于"管理升级""系统管控""赋能增效"三个方面。

以鞋供应链管理为例，目前体系内85%的合作供应商分布在福建省内，优势在于采购半径短、材料运输方便、采购价格较低、异常处理时效性较强，但同时企业在供应商配合方面也面临着一系列挑战，主要体现在以下几个方面：

（1）材料创新：传统的鞋材料在品质和舒适度上存在局限性，无法满足消费者对高品质鞋的需求，企业迫切需要供应商在每个产品季提供更具竞争力的创新材料。

（2）交付周期：电商、快反订单（45～60天）越来越多，总生产周期短。供应商延期交付会导致企业错过上市销售旺季，也会导致库存积压，增加了资金流转成本。

（3）质量要求：部分供应商内部质量管理水平偏弱，未建立完善的质量管理体系，执行中存在质量管理"打折"现象。

（4）成本控制：接单前期，供应商侧重与客户方进行成本议价谈判，而较少投入精力对内进行成本控制和精益改善。

（5）人员稳定性：每年会出现工厂车间内部一线管理人员和基层作业员少部分或批量性流动现象，给产品质量带来不稳定性，企业方需要重新宣导产品执行标准和投入更多精力加强过程稽核。

7.1.2 供应商赋能活动是如何有效开展的

鉴于上述挑战，中乔体育鞋供应链内部经过反复讨论，制定了具体可行的供应商赋能专项措施,通过有序实施和不断实践,增强上下游供应商的协同作战能力,提升供应商管理水平,增强供应商的合作信心。

供应商赋能专项措施主要从以下三个方面展开。

(1)专项一:帮扶供应商植入品牌文化元素。

(2)专项二:组织"双看双查"交流活动。

(3)专项三:组织"授渔计划"专项赋能。

1. 专项一:帮扶供应商植入品牌文化元素

此专项目的是深化供应商与公司品牌之间的合作,通过帮扶供应商植入品牌文化元素(见图7-2),塑造合作双方共同的价值观和经营理念,进一步增强合作双方的凝聚力和战斗力。品牌文化元素有以下四种应用场景。

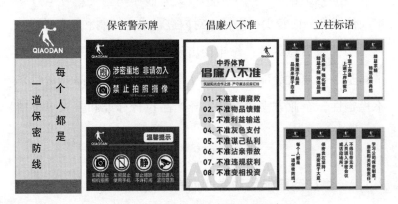

图7-2 供应商植入品牌文化元素

(1)场景一：专属工厂塑造。

特点：该工厂只生产中乔体育品牌产品，100%服务于中乔体育品牌。

植入要求：全厂区品牌文化元素展示，包括但不限于工厂门头、楼顶广告字、文化标识、文化宣传栏、车间包装、产品文化墙、企业文化墙等。

(2)场景二：专属车间塑造。

特点：工厂内某一个车间只服务于中乔体育品牌，不接受其他竞争品牌的订单。

植入要求：特定车间品牌文化元素展示，包括但不限于车间门头、车间看板、流水线挡板、文化海报宣传等。

(3)场景三：专属生产线塑造。

特点：中乔体育品牌产品的生产专线。

植入要求：专属生产线包装，包括但不限于流水线挡板品牌文化建设、产品宣传海报建设等。

(4)场景四：专属开发技术中心塑造。

特点：中乔体育品牌产品的专属开发技术中心。

植入要求：专属开发技术中心的品牌文化元素展示，包括但不限于中心门头、户外广告、文化标识、文化墙、文化海报宣传等。

2022～2023年,根据供应商合作的重要程度,中乔体育供应商管理部优先选择主力供应商,帮扶供应商植入品牌文化元素,这些文化元素包括品牌LOGO、口号、品牌代言人、产品海报以及开发、生产、质量各模块提炼的宣传标语等,极大地增强供应商对合作品牌的认同感和荣誉感,供应商工厂也焕然一新。

2024年初,中乔体育对品牌文化素材进行更新与升级,同年6月份供应商管理部积极推动各主力供应商更新品牌文化素材,进一步让供应商感受到品牌文化的魅力。

2. 专项二:组织"双看双查"交流活动

此专项目的是通过供应商"双看双查"交流活动(见图7-3),促进供应商各展所长,相互学习,共同成长,同时萃取成功改善案例,沉淀智慧经验,推动各供应商转化利用,从而营造比学赶超的学习氛围。

何谓"双看双查"呢?

"双看"是指向内看、向外看。向内看,看到工厂内部的优势和亮点;向外看,看到同行业的亮点和独到之处。

"双查"是指查短板、查漏洞。查工厂内部存在哪些短板和漏洞,在双看的基础上,思考如何找到解决方法。

活动开展情况:2023年,供应商管理部成功主导了四期中乔体育"双看双查"供应商专项活动,每季度组织一期,走访不同类别的供应商。第 1 期"双看双查"供应商交流活动在一家主力革料供应商开展,第 2 期、第 3 期、第 4 期分别在一家辅料供应商、一家模具供应商和一家鞋底供应商开展。参加四期"双看双查"交流活动的供应商代表涵盖供应链上主要的合作供应商,有成品、鞋底、材料、模具、外协工艺类供应商,共计覆盖 230 人。

图 7-3 "双看双查"交流活动

每期活动议程主要分为四部分,分别为工厂简介、走访生产车间、改善案例分享、活动交流与总结。首先,由主办方的供应商做工厂简介。随后,组织各供应商代表走访生产车间,边走边看,了解生产工艺流程,挖掘可借鉴的亮点。之后,各供应商代表回到会议室依次上台分享各自准备的改善案例，其中供应商管理部组织小组评委评分，对前三名优秀分享者颁发奖品。最后是活动总结和布置课后作业，课后作业会要求各供应商代表提交不少于300字的心得收获，分享到微信学习群。

每期活动都会针对不同的主题展开，有针对"快反订单周期""数字化管控""材料研发创新""降本增效"等方面问题的探讨，以及优秀改善案例的相互学习借鉴。在畅所欲言、改善案例的智慧火花的碰撞之下，又生发了很多新的改善增效点，为参加活动的各个供应商供应链升级注入了新的活力。

"双看双查"交流活动的成功举办，进一步加强了各供应商与中乔体育之间的合作纽带，为后续优秀成果萃取、方案落地推行开辟了一条新的路径。每期"双看双查"交流活动结束后，供应商管理部还会整理素材、沉淀改善成果，以期刊的方式发给各供应商，以便深入学习和再次应用。"双看双查"专项活动专刊展示如图7-4所示。

"坐而言，不如起而行"，走出去才能让我们看到更多的优势和亮点，我们要永葆学习初心，以"共享"精神，开启共建共享的思维碰撞，一起推动优秀成果落地，筑就共创共赢的合作平台。

图 7-4 "双看双查"专项活动专刊展示

3. 专项三：组织"授渔计划"专项赋能

此专项目的是通过系统性地提升供应商的业务能力和专业技能，帮助供应商建立持续学习和自我提升的能力，增强其核心竞争力，与品牌共同成长，更好地满足业务合作需求。

"授渔计划"是一个以赋能培训为主要目标的项目，其名称源于中国一句古老的谚语"授人以鱼不如授人以渔"，意为教人捕鱼胜过直接送鱼。此赋能项目的核心理念是"授人以渔、赋能成长"。

此项目由供应商管理部主导，供应商管理部与供应链各业务部门共同开发授渔课程，邀请业务部门负责人担任授渔老师向供应商培训赋能。"授渔计划"专项赋能侧重于各业务模块的专业知识，包括开发技术、计划管理、采购管理、质量管理、成本管理、精益改善等。"授渔计划"专项赋能框架如图 7-5 所示。

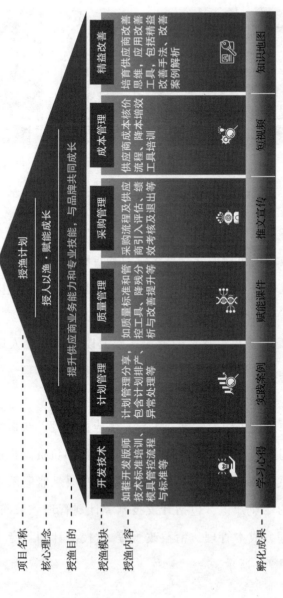

图 7-5 "授渔计划"专项赋能框架

"授渔计划"赋能对象重点是体系内合作的成品、鞋底供应商,"授渔计划"会根据每期赋能主题,要求供应商提报对应业务模块的相关人员参加,例如对于鞋成品质量专项赋能,供应商可以安排技术经理、品管经理和认证QC参加。

每期专项赋能,供应商管理部会与供应链业务部门做足前期备调工作,根据学员需求以及目前存在共性问题,精心打磨课件,课件中至少准备一两个实用授渔工具教给学员。实际赋能授课注重互动式与体验式学习方法,改变过往老师讲、学员听的传统模式,授渔老师讲课只占全场1/3的时间,另外2/3的时间用于学员互动交流及小组共创。专项赋能通过激发学员们的学习热情和学习潜力,让学员们能真正掌握授渔工具,并学以致用。

2024年3~6月份供应商管理部共组织8期"授渔计划"专项赋能活动,共赋能12家成品厂、20家鞋底厂,共赋能235人,共收到200名学员的学习心得。为保证赋能的延续性,每次活动会将赋能课件发给参训学员,以便于学员课后温习或向内转训。同时,为了让每期打磨的授渔课件的成果扩大化,供应商管理部在此基础上组织专人孵化了"授渔计划"知识地图,此知识地图也将作为奖品颁发给后续学习表现优秀的供应商。

为了检验"授渔计划"实际落地成效,2024年6~7

月份供应商管理部分别走访了部分供应商，与授渔学员展开座谈交流，并对互动内容及时进行总结。

（1）收获方面：授渔学员认可授渔赋能学习模式，学员从授渔老师授课中学到了专业工具方法（8D法、鱼骨图、ECRS、ABC物料管理法），从同行学员的分享中开拓了工作思路。

（2）应用方面：学员已逐步将所学内容应用于实践工作中，后续会提炼工厂内部的改善案例。

（3）需求方面：因平时较少有系统性赋能培训，学员希望后面这类授渔课程可以多一些，进一步指导工厂改善提升。

在与供应商座谈交流环节中，我们也对供应商的下一步工作提出了"4个1"的要求：

（1）每个月供应商内部组织1次课程分享。

（2）每季度每人提报1例改善案例。

（3）每季度发布1篇正向的宣传推文。

（4）管理干部每个人承担1项重点考核指标。

7.1.3 向供应商赋能成功的关键是什么

由于外部环境、供应商群体的特性等多种原因，国内企业对供应商的辅导既要目光长远，又要立足当下，这就需要对供应商进行区分管理。为使供应商辅导工作的投入产出比最大化，供应商辅导工作可以参考以下4条原则。

原则1：供应商帮扶不追求全面开花，而是优选合适的供应商进行帮扶。

中国企业面临着激烈的市场竞争，要想快速制胜，就要平衡当下与未来、生存与发展的关系。企业的资源是有限的，要用二八法则区分哪些供应商对我们是重要的，要把有限的资源和时间优先投给最靠谱的供应商，然后不断优化供应商群体。我们应优先辅导对企业未来发展有重要价值，有合作意愿、有相同价值观，认同企业愿景与梦想，5年以后还能走在一起的供应商伙伴。对于缺乏发展意愿，或是价值观与我们背道而驰的供应商，最好不要辅导。

原则2：辅导供应商时，要结合供应商的自身特点和具体情况。

有梦想的供应商，可以用使命感召，传递梦想。但还有一些供应商更急于解决当下的紧急问题，辅导这类供应商时，要充分考虑它当下面临的现实问题，最好从业绩与利润着手，用经济收入来引导。

原则3：以绩效作为辅导的方向与收效的测量工具。

很多企业的供应商辅导工作开展得如火如荼，热闹非凡，供应商配合度很高，表现出的状态多半是"热烈欢迎"，但最终供应商的绩效表现甚至不升反降，这就违反了供应商辅导的初衷。

质量绩效的改善可以用质量成本来衡量。交付绩效的改善可以用未准交损失来衡量。通过瓶颈五步法（发现瓶颈、挖尽瓶颈、迁就瓶颈、松绑瓶颈、探寻系统新瓶颈）等，帮助供应商识别瓶颈、突破瓶颈，实现交付能力提升、运营费用下降。

成本绩效的改善可以用最终报价来衡量。无论是质量成本的降低，还是瓶颈的突破，都会带来供应商的成本和运营费用改善，带来供应商利润增长。最终报价的时候，建议一定将改善带来的利润增长留一部分给供应商，留的比例越大，供应商的积极性越高，可改善空间就越大。

原则4：对供应商的辅导，本质是管理输出。

将我们做得好的方面，赋能给需要帮助的供应商。也可以把供应商的好方法介绍给其他供应商，带领供应商伙伴互相交流、互相促进、共同发展。在供应商做得比我们好的地方，我们也可以进行管理输入，向供应商学习。

小结：

我们相信，在未来的日子里，随着更多供应商赋能活动的深入开展，供应商将焕发更加蓬勃的生机与活力，整个供应链将更具竞争优势。我们将以持续发展、合作共赢为宗旨，继续扬帆起航、砥砺前行，在未来的征程中不断追求卓越、创新赋能。

路虽远，行则将至；事虽难，做则必成。作为一名供应链奋斗者,不仅需要具备专注于本职工作的专业能力,还需要具备解决问题的预判能力。在学中做、做中学,遇事多琢磨、多论证,通过增加有效产出来实现供应链奋斗者的价值。衷心祝愿每一位供应链奋斗者的未来越来越精彩!

7.2 绿色供应链

7.2.1 为什么要推动绿色供应链管理

"我们为子孙后代留下什么?"

"我们供应链人的终极使命是什么?"

过去,我们为了生存、摆脱贫困,忽视了许多与健康、环保相关的因素。然而,如今的我们不再仅仅满足于简单的生存,而是希望能够健康、有意义地生活。为子孙后代、为所有共享这个星球的生物,留下一个绿色、可持续的地球。

推动绿色供应链对供应链人来说,不仅仅是一项环保行动,更是对未来的承诺。这意味着选择了一条负责任、可持续发展的道路,选择了一种更加尊重自然、尊重生命的生活方式。不再仅仅考虑眼前的利益,而是开始为未来的后代着想,希望子孙后代能够呼吸清新的空气,饮用洁净的水,生活在一个没有污染和破坏的环境中。

这是每一个人、每一个企业的责任,也是我们供应链人能够为未来做出的最珍贵的贡献。推动绿色供应链不仅能够减少对环境的破坏,更能够创造出一种新型经济模式,让绿色成为发展的主旋律。这样不仅在物质层面上实现了繁荣,更在精神层面上找到了平衡和满足。

从长期来看,企业开展绿色供应链管理有以下好处。

1. 品牌形象与市场竞争力提升

企业开展绿色供应链管理,积极履行环保责任,能够树立良好的企业形象,提升品牌声誉。在消费者日益关注环保问题的背景下,绿色供应链管理成为企业吸引消费者、赢得市场份额的重要手段。

2. 成本控制与资源优化

通过绿色供应链管理,企业可以优化资源利用效率,降低能源消耗和浪费,实现成本节约。绿色供应链下的绿色低碳产品还可以为客户带来绿色收益,赢得客户信任,增加客户产品价值。

3. 风险管理与合规性保障

企业开展绿色供应链管理,能够更好地遵守环境法规和监管要求,避免因环境问题引发的法律风险和罚款。

随着全球环保意识的提升,要让出口的产品符合进口国尤其是发达国家的环保标准和技术条款，企业必须实施清洁生产，构建绿色供应链。绿色供应链管理有助于企业打破潜在的绿色技术贸易壁垒，保障业务的合规性和稳定性。

4. 创新能力与技术升级

绿色供应链管理能够推动企业不断创新，采用环保技术和材料，提高产品和服务的绿色化程度，有助于企业保持技术领先地位，提升市场竞争力。

5. 供应链协同与合作伙伴关系

通过绿色供应链管理，企业可以与供应商、分销商等合作伙伴建立更加紧密的合作关系，共同推动绿色供应链的发展。有助于形成稳定的供应链网络，提升供应链的可靠性和韧性。

6. 社会责任与可持续发展

开展绿色供应链管理是企业履行社会责任、实现可持续发展的重要体现。通过减少环境污染、保护生态环境，企业能够为社会的可持续发展做出贡献，这有助于提升企业的社会价值和影响力。

7.2.2 什么是绿色供应链管理

绿色供应链管理，是将环境保护和资源节约、可持续发展的理念融入供应链的各个环节，强调链主企业的引领带动作用，贯穿企业从产品设计到原材料采购、生产、运输、储存、销售、使用和报废处理的全过程，使企业的经济活动与环境保护相协调的上下游供应关系，如图 7-6 所示。绿色供应链管理推动上下游企业共同提升资源利用效率，改善环境绩效，达到资源利用高效化、环境影响最小化、链上企业绿色化。绿色供应链管理不仅关注生产和物流环节的环保行动，还关注如何通过改进供应链活动来减少对环境的不良影响，以达到环境效益、经济效益和社会效益的平衡。

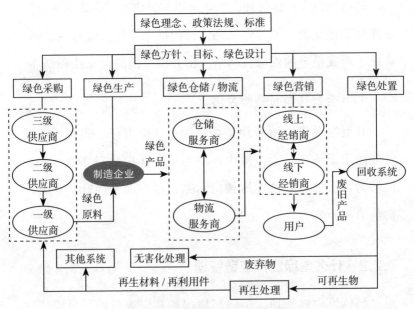

图 7-6　制造业绿色供应链基本流程图

2017年，国标委发布《绿色制造 制造企业绿色供应链管理 导则》（GB/T 33635—2017），对制造企业绿色供应链管理的目的、范围、总体要求以及产品生命周期绿色供应链的策划、实施与控制要求进行了规范。

2020年，在双碳目标提出不久后，国标委发布《绿色制造 制造企业绿色供应链管理 信息化管理平台规范》（GB/T 39256—2020）、《绿色制造 制造企业绿色供应链管理 评价规范》（GB/T 39257—2020）、《绿色制造 制造企业绿色供应链管理 采购控制》（GB/T 39258—2020）、《绿色制造 制造企业绿色供应链管理 物料清单要求》（GB/T 39259—2020）等系列内标准，基本形成了供应链管理的通用技术文件。在通用标准的基础上，结合工业和信息化部的《绿色供应链管理评价要求》，机械、家电、纺织、汽车、电子等供应链管理需求密集的行业相继研究制定行业性绿色供应链管理及评价相关标准。

7.2.3 搭建绿色供应链的七大关键环节

（1）可持续的绿色供应链管理战略：将绿色供应链管理纳入企业发展战略，融入产品研发、设计、采购、制造、回收处理等流程，提高资源利用效率，降低环境风险，扩大绿色产品市场份额。

树立绿色供应链管理理念：

- 企业应明确绿色供应链管理的重要性，并将其纳入企业发展战略。
- 通过培训和教育，提高员工对绿色供应链管理的认识和参与度，形成全员参与、共同推进的良好氛围。

制定绿色供应链管理规划：

- 结合企业自身的业务特点和实际情况，制定详细的绿色供应链管理规划。
- 规划应明确目标、任务、时间表和责任人，确保各项措施得到有效执行。

加强技术研发与创新：

- 投入资源研发绿色技术，推动供应链各环节的技术升级和创新。
- 积极探索新的绿色供应链管理方法和工具，提高管理效率。

寻求政策支持和合作机会：

- 关注国家环保政策和法规，积极争取政策支持和补贴。
- 加强与同行业、政府、研究机构等的合作，共同推动绿色供应链的发展。

（2）绿色设计：要求企业在产品设计时就需要考虑到环境保护方面的要求，如考虑使用绿色原材料，包括可降解树脂材料、可再生材料、可回收再利用材料等。

- 深入探讨并识别在设计过程中融入可持续性原则的方法，以及如何减少对环境的影响。这可能包括使用回收材料、优化能源效率，以及保护生物多样性。
- 功能要求：确保设计满足用户需求，兼顾社会和环境的可持续性。
- 经济性要求：评估实现绿色设计的成本效益，探索成本节约机会。
- 法律法规要求。
- 最佳可行技术要求：识别并采用行业中最先进的绿色技术。

（3）实施绿色供应商管理：树立绿色采购理念，改进采购标准，从环保、节能减排等方面对供应商进行绿色认证，推动供应商提高绿色发展水平，共同构建绿色供应链。

- 建立绿色供应商评价和选择机制，优先选择符合环保要求、具备绿色生产能力的供应商。
- 加强与供应商的沟通与合作，共同推动绿色供应链的发展。

（4）强化绿色生产：建立全生命周期绿色设计理念，提升绿色技术创新能力，采用先进工艺技术，减少生产污染，参与国际绿色标准制定,引领行业变革。

- 在生产过程中,采用节能减排技术,提高资源利用效率,降低污染排放。
- 采用绿色工艺、技术和生产设备。
- 注重资源节约与综合利用。
- 减少对人体健康的影响。
- 加强人员培训和管理,提高生产效率。

(5)加强物流环节的绿色管理:在原材料和产成品的运输配送、仓储物流管理中,应积极使用低能耗、绿色清洁的运输、仓储和搬运设施,使用可降解、可再生、可重复使用的、无毒无害的包装材料等。

- 优化物流路线,减少运输过程中的能源消耗和排放。
- 推广使用清洁能源和环保包装材料,降低物流环节的环境负担。
- 关注包装减量化、易回收、环保性。
- 关注仓储布局、使用效率和可能对周围环境造成的影响。
- 关注运输方式与工具选择、运输网络设计、运输效率等。

(6)建设绿色回收体系:建立生产者责任延伸制度,由生产者承担产品废弃后的回收责任,利用技术手段建立可溯源的绿色回收体系,与回收企业合作,实现废旧产品有效流通。除了提供绿色产品和包装，鼓励绿色的消费方式，对弃用、报废、冗余物料的处理也需要严格遵循有关要求，如将有毒有害物料交给被环保部门批准的、有资质的废物回收企业回收处理等。

▶ 根据当前技术，选择适宜的回收再利用或处置方法。
▶ 避免回收再利用及处置过程的二次污染。
▶ 回收途径优化。

（7）搭建绿色信息收集、检测、披露平台：建立能源消耗在线监测和减排监测数据库，定期发布社会责任报告，披露节能减排信息。收集绿色供应链数据，促进信息共享，加强供应商评级管理，定期披露环境信息。

▶ 定期公布绿色供应链管理情况，接受社会监督。
▶ 建立内部监督机制，确保各项措施得到有效执行。

搭建绿色供应链管理，也符合 PDCA 的管理逻辑，要围绕计划、执行、检查、处理的循环进行。

组织需要对团队进行培训，以确保组织有能力、有资源实现计划内容，同时要阶段性利用绿色供应链管理企业基本要求自评表，对计划的执行情况进行验证，及时改进，持续提升绿色供应链管理体系的适宜性、充分性和有效性，以提升绿色供应链管理绩效，将绿色供应链的计划落到实处。

7.2.4 绿色供应链管理企业基本要求自评表

绿色供应链管理评价指标体系包括绿色供应链管理战略指标、绿色设计指标绿色供应商管理指标、绿色生产指标、绿色物流指标、绿色回收指标、绿色信息平台建设指标、绿色信息披露指标 8 个方面。具体如表 7-1 所示。

表 7-1 绿色供应链管理企业基本要求自评表

一级指标	二级指标	最高分
绿色供应链管理战略	纳入公司发展规划	6
	制定绿色供应链管理目标	6
	设置专门管理机构	4
绿色设计	设计过程中融入可持续性原则（回收、环保等）	4
	设计中先进绿色技术的应用程度	4
	设计和客户功能需求符合度（不过度设计）	2
绿色供应商管理	绿色采购标准制度完善	4
	供应商认证体系完善	3
	对供应商定期审核	3
	供应商绩效评估制度健全	3
	定期对供应商进行培训	3
	低风险供应商占比	4
绿色生产	节能减排环保合规	8
	符合有害物质限制使用管理办法	8
绿色物流	运输组网路线设计完善（缩短路线和搬运距离）	4
	清洁能源和环保包装使用占比	2
	仓储布局和管理效率	2
绿色回收	产品回收率	4

(续)

一级指标	二级指标	最高分
绿色回收	包装回收率	4
	回收体系完善（含自建、与第三方联合回收）	4
	指导下游企业回收拆解	4
绿色信息平台建设	绿色供应链管理信息平台完善	8
绿色信息披露	披露企业节能减排减碳信息	2
	披露高、中风险供应商审核率及低风险供应商占比	2
	披露供应商节能减排信息	2
	发布企业社会责任报告（含绿色采购信息）	2

我们号召更多的企业加入绿色供应链管理企业的行列，供应链管理人应将绿色供应链作为企业的供应链战略目标之一，条件成熟时，可以向工业和信息化部等主管报门申报国家级绿色供应链管理示范企业。路虽远，行则将至，事虽难，做则必成。让更多企业携手，为了子孙后代，为了这个美丽的星球，沿着绿色供应链，奋勇前行！

如今，随着社会责任意识的不断增强，环境、社会和公司治理（Environmental, Social and Governance，以下简称 ESG）理念逐步受到消费者和投资者的重视。企业的发展已经从关注环境保护的"绿色"阶段上升到了更全面的ESG阶段。ESG是一个衡量企业可持续发展绩效的框架，除了关注环境方面，企业还应在社会方面更关注诸如员工福利与健康、性别平衡、产品质量安全、隐私数据保护、乡村振兴与扶贫、供应链责任、社区沟通和公益慈善等实践，在公司治理方面关注股权结构、反贪污受贿、反不公平竞争、财务报告透明、风险管理、道德行为准则、董事会独立及多样性、组织结构和投资者关系等实践，如图7-7所示。

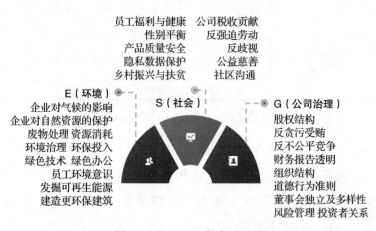

图7-7　企业ESG框架（示例）

总之，企业从"绿色"上升到ESG阶段，反映了它们在可持续发展方面的不断成熟和完善。ESG理念为企业提供了更全面的框架，帮助它们衡量和提升自身的影响力，从而为更美好的未来做出更大的贡献。

7.2.5　展望：供应链生态——小鸟天堂，互助共生

小鸟天堂位于广东江门的天马村河中，是中国最大的天然赏鸟乐园之一。这片生态乐园的主体是一棵长于明末清初

的水榕树，其树枝垂到地上，扎入土中，成为新的树干，并引来成千上万的小鸟栖息繁衍，随着时间的流逝，逐渐形成了鸟树相依、互助共生、独木成林的生态奇观。2023年，我与深圳的顾问企业拉普拉斯的管理团队专程去了江门小鸟天堂，近距离感受生态的蓬勃生机、和谐共生的生态体系。

小鸟天堂形象地体现了供应链生态系统中各个参与者互助共生的关系。正如在一个生态健康的小鸟天堂中，各种鸟类、植物和昆虫之间形成了互助共生的关系，供应链生态中的各个参与者也通过协同合作和资源共享，实现了共同发展和繁荣。

道法自然，供应链生态，就是改变过去甲方与乙方之间的博弈关系，链主企业用开放、包融、创新、共赢，搭建合作平台，共同为了一个事业，发挥各自的优势与专长，利益共享、价值共创、合作共生，最后成为健康繁荣、生生不息的供应链生态的"小鸟天堂"！

学以致用

【学】请用自己的语言描述本章的要点。

【思】描述自己企业的相关经验与本章对自己的启发。

【用】

准备如何应用？希望看到的成果是什么？

会遇到哪些障碍？

解决障碍有哪些方法、措施、资源？

行动计划：

中国供应链奋斗者宣言

作为一名供应链管理者，我心怀感激：感谢所有在供应链领域做出杰出贡献的实践者，感谢他们奋斗创新、创立典范、强企兴国。

作为一名供应链管理者，我心怀梦想又脚踏实地，我将学习成长与岗位贡献相结合，拓展人生格局、共建丰盛生态。我们拥抱变化、心怀正念、利他精进。战略、流程、团队与数字化是我的布局；质量、成本、交期、社会责任是我的贡献。以客户为中心，与销售协同，与研发合作，与供应伙伴共舞。我们让产品更加物美价优，我们让供应链更加绿色、敏捷，我们让世界更加美好。

为了我们的梦想，向着美好的未来，中国供应链奋斗者共同约定：

▶ 恪守职业道德，爱岗敬业，阳光廉洁。

- ▶ 以专业赢得尊重，靠奋斗成就未来。
- ▶ 贡献价值，高效协作。
- ▶ 按时付款，双赢合作。

奋斗者永远年轻！
向中国所有的供应链奋斗者们致敬！
让供应链管理成为中国腾飞的核心竞争力！

提升个人价值 打造企业利器
姜宏锋老师作品

《决胜价值链：从供应链到价值链管理跃迁》
ISBN：978-7-111-72975-4

重塑企业竞争优势，从供应链管理跃迁到价值链管理
拉通销售、研发与供应链，高效协同、利润倍增

《决胜供应链：降本增效快响应》
ISBN：978-7-111-71847-5

构建供应链体系，打造供应链护城河
实现快交付低库存、高质量低成本

《供应链质量防线：供应商质量管理的策略、方法与实践》
ISBN：978-7-111-64150-6

供应链质量问题，会影响整个供应链效率
抓供应商审厂关键，快速稳定供应商质量

《采购4.0：采购系统升级、降本、增效实用指南》
ISBN：978-7-111-64123-0

采购4.0模型，快速诊断采购所处阶段
明确发展方向，发挥采购价值

《数智化采购：采购数字化转型的方法论与实践》
ISBN：978-7-111-69324-6

提升采购效率，实现采购阳光化、透明化
系统投入巨大，借鉴企业案例，提前避坑